智能+零售

科技赋能、战略路径与运营实践

刘东明◎著

中国经济出版社
CHINA ECONOMIC PUBLISHING HOUSE
·北京·

图书在版编目（CIP）数据

智能 + 零售：科技赋能、战略路径与运营实践 / 刘东明著 .
-- 北京：中国经济出版社，2019.8
ISBN 978-7-5136-5775-4

Ⅰ . ①智… Ⅱ . ①刘… Ⅲ . ①零售业—商业经营 Ⅳ . ① F713.32

中国版本图书馆 CIP 数据核字（2019）第 152937 号

责任编辑 张梦初 杨元丽
责任印制 巢新强
封面设计 水玉银

出版发行 中国经济出版社
印 刷 者 北京力信诚印刷有限公司
经 销 者 各地新华书店
开 本 710mm × 1000mm 1/16
印 张 15.75
字 数 195 千字
版 次 2019 年 8 月第 1 版
印 次 2019 年 8 月第 1 次
定 价 58.00 元
广告经营许可证 京西工商广字第 8179 号

中国经济出版社 **网址** www.economyph.com **社址** 北京市西城区百万庄北街 3 号 **邮编** 100037

本版图书如存在印装质量问题，请与本社发行中心联系调换（联系电话：010-68330607）

专家编委团

PREFACE
自 序

数据驱动、人机协同的AI时代向我们迎面走来，新视野、新思维、新模式正被时代所呼唤。如何通过技术赋能产业，通往新商业文明之路，实现“科技向善”，是一个重要的时代课题。

零售业是引领生产和消费的先导性行业，其发展水平直接关系着人们的生活水平与质量，每一次零售业的革新与进步，都给人们的生产生活带来了巨大而深远的影响，从杂货店到超市、便利店，到购物中心，再到蓬勃发展的网络购物，无一例外。

从传统零售迈向新零售是零售业走向成熟的必由之路，但对于如何完成这种转变，大部分从业者并没有明确的思路，甚至根本没有理解什么是新零售。本质上，零售是将产品和服务出售给最终消费者，满足其个人或家庭消费需求，从而增加产品和服务价值的商业活动，无论其形态发生怎样的变化，这一点都不会改变。

从传统零售到新零售是从单品、单店，到平台、生态的升维过程，需要完成点、线、面、体的终极进化。这无疑是一个庞大而复杂的系统工程，需要零售企业、技术服务商、制造企业、物流企业、政府部门携手推进。而AI将显著加快这一过程。从诞生之初，AI便是通过了解人、学习人、适应人来服务人，是完全的以人为本。

阿里参谋长曾鸣曾表示："网络协同和数据智能是新商业文明DNA最重要的双螺旋。"在万物互联网的AI时代，整个零售供应链可以采用多角色、大规模、实时的社会化协同方式，基于网络创造价值。供应链整体资源利用效率和商品交付能力将因此实现质的飞跃。

门店选址、商品陈列、库存计划、价格制定等诸多环节过度依赖管理人员经验，是传统零售行业的一大特征。但在"不变则亡"的移动互联网时代，沿用落后保守的经营管理模式只能让企业陷入库存严重积压、业绩萎靡不振的生存困境。而数字化、智能化的管理模式，将赋予零售企业强大的应变能力，实现统一化、智能化决策，推动门店坪效的持续增长。

比如：便利店引入智能补货系统后，可以结合门店历史销售数据、环境因子、外部数据库等，自动生成一定周期内的SKU推荐列表，门店管理人员可以参照该推荐列表向供应商下单。未来，随着AI算力进一步提升，以及零售全链路数字化，零售企业的管理系统甚至可以自动根据产品销量、用户行为等精准预测消费需求，并将需求分析报告及时发送给供应商，指导其产品研发设计、产能调整、物流计划等。

未来，随着AI在零售业的应用愈发深入，销售链路将被彻底打通，从而实现数据和资源的最优配置。此前，供应商、品牌商、经销商、物流服务商、零售商各产业链成员虽然都有一套信息系统，但往往各自为战，导致产能、库存、物流、销售等数据难以流通共享，上下游信息不透明，大幅度提高了交易成本。而基于AI、大数据、云计算等智慧科技打造的产业级数据平台，将实现零售价值链条的数据和资源的自由共享，再造供应链流程，引导商家利用柔性生产和定制供给满足人们的美好生活需要。

零售业是离C端最近最直接的行业，在"智能+"经济热度持续攀升的背景下，“智能+零售”很自然地成为了“智能+”经济落地的样板工程，不仅是零售从业者，互联网企业、科技巨头、资本巨头、政府部门等都在积极推进“智能+零售”的落地应用。

本书以人工智能赋能零售为核心，结合京东、腾讯、苏宁云店等实践案例，对“智能+零售”业态的特征与趋势、竞争逻辑、迭变法则、运营技巧等进行了全面阐述，并揭示了消费升级、跨界融合、场景革命背景下，传统零售企业掘金“智能+零售”的途径和手段，冀望于给从事零售行业的朋友带来一些有益的启发与思考。

在本书的最后，我想借此机会感谢几位在我生命中尤为珍视的亲人、朋友和伙伴。感谢我的徒弟财税女神满钇财务董事长陈雅娜女士，徒弟网红微商财税第一品牌易算盘总裁李智勇先生、徐子涵女士，徒弟全球超模大赛形象大使、评委周海男女士，徒弟金融小杨澜鲁曦文女士，哈佛大学游学团优秀学员万人微商团队长孟春丽女士。在本书创作的过程中，为确保书稿内容创作得更加全面和完善，他们给我提供了许多宝贵中肯的建议，感谢他们在本书出版过程中付出的努力！

刘东明

2019年8月16日

FOREWORD
前 言

我国零售业正在经历一场前所未有的重大变革，电商的冲击和持续攀升的运营成本，使传统零售企业陷入发展困境。关店潮持续多年，至今仍未消退；此前一路高歌猛进的电商也遭遇了流量红利消失、同质化与价格战日趋白热化的瓶颈。而新零售模式的出现，为零售企业提供了破局之道。

新零售崛起，抢滩者蜂拥而至，创业者、连锁商超、无人便利店、电商企业、资本巨头等都想分一杯羹。通过技术、模式创新再造零售业，重构效率与体验，是阿里巴巴、京东等电商巨头布局新零售的重要切入点，也是迎合消费升级与市场环境变化的必然选择。

新零售的核心在于赋能，我们可以将赋能理解为帮助，为我们提供一种有效解决问题的方式及方法。以阿里零售通为例，阿里零售通将自身定位为为城市社区零售店提供订货、物流、营销等多种服务的互联网服务平台，可以极大地提升零售业运行效率与用户体验。

得益于阿里零售通的帮助，城市社区零售店可以获得产品销售、库存、用户等方面的数据分析支持。与此同时，阿里零售通通过布局仓储网点，为城市社区零售店提供高效、精准的定制供货解决方案，使其成为具备“一站式”便民消费服务功能的互联网智慧商店。这将显著提高城市社区零售店的盈利能力，避免库存积压。对于广大消费者而言，他们将在获得安全、丰富、高性价比的优质商品的同时，享受家政、水电煤代收、社区金融、医院挂号等多种增值服务，提高生活质量，满足其日益增长的美好生活需要。

全供应链数字化是发展新零售的重要基础，它能够厘清供应关系，缩短商品交付周期，提高市场整合度和有序性，遏制同质竞争与价格战，引导各方协同合作，共建文明、和谐的商业生态系统。但零售企业也将因此面临全新的挑战，需要对组织架构进行优化调整，重构消费者认知、客户关系以及合作伙伴关系。

新零售为零售业带来了一系列业态创新。以得到大数据、云计算、物联网、人工智能等新一代信息技术支持的无人零售业态为例，无人零售门店基于智能商品识别、人脸识别、动作识别、动态货架、远程客服支持、自主结算系统等多种模块，可以让用户实现自助购物。

无人零售去除了排队付款环节，提高了用户购物的便捷性，激发了用户的购买欲，使用户可以将更多的时间用在选购商品上，给消费者带来全新的购物体验。与此同时，无人零售可以使零售企业降低运营成本，使整个购物过程实现数据化，让门店具备对消费者的识别、触达、分析功能，帮助零售企业构建立体化的用户画像。

当然，那些尤其注重服务和体验的商品（部分业内人士将其称为“质感商品”）并不适合无人零售，如家居、家电、汽车等决策周期较长的商品，需要导购人员提供专业服务来帮助用户制定消费决策。对于这类商品，新零售强调通过线上线下结合，对用户进行全渠道、多触点的持续刺激。线上可以利用AR/VR技术为用户创造虚拟场景，使其可以在移动化、碎片化场景中随时随地体验商品；线下可以利用大数据分析，让导购人员化身为顾问型导购，从用户视角帮助其制定最优决策。

在新零售模式中，我们看到智能机器人参与产品生产、分拣、仓储，智能算法进行定制推送、传感器实时搜集零售大数据等。也就是说，新零售为零售行业的赋能是全方位的，供应商、物流服务商、零售商、消费者等都将因此受益，设计、生产、仓储、采购、定价、营销、交易支付、物流配送、售后服务、用户关系管理、供应链管理等诸多环节都将发生重大变革。

然而，很多传统零售企业仅是将新零售简单地理解为增加新的销售渠道，利用打破时空限制的线上渠道吸引更多流量，进一步扩大市场份额，唯流量论、唯市场份额论大行其道，根本没有认识到“发展新零售要以用户体验的优化和提升为根本，以新模式、新技术、新工具的应用为手段”的内在逻辑。对新零售的认知水平不足，再加上急功近利、盲目布局，很多企业的转型举步维艰，更有甚者出现资金链断裂危机，最终被淘汰。

鉴于此，作者对多年的思考与分析进行深入总结，并结合自身从业经验创作了《智能+零售：科技赋能、战略路径与运营实践》一书，为广大零售从业者深入剖析零售业的本质，在这个跨界颠覆、融合创新成为常态的新商业时代，让挣扎在死亡线上的零售企业找到真正适合自己的新零售转型之路。

本书共分为新零售、“智能+”、自我迭变、AI+零售、区块链+零售、C2B定制、重构供应链七大部分，对新零售模式的崛起背景、本质与内涵、增长逻辑，零售企业如何选择新零售切入点，如何制定行之有效的新零售转型策略等，进行了全方位、立体化、多角度的深入分析，希望能够为读者、创业者、零售实体店、电商企业等提供有效的指导与帮助。

书中结合了瑞幸咖啡、松鼠小店、名创优品、Amazon、沃尔玛等国内外新零售先行者的实践案例，内容翔实、分析客观、重点突出，零售从业者重点关注的新零售转型难点与痛点，例如，如何为用户打造无缝购物体验、如何降低转型试错成本、如何开展个性化定制营销等问题，都能在本书中找到答案。

在新零售浪潮的席卷下，盒马鲜生、网易严选、小米有品等新零售物种以独特的玩法掀起波澜，吸引了企业界的广泛关注。很多零售企业摩拳擦掌，想要复制这些明星玩家的成功案例，这绝非明智之举，毕竟这些明星玩家拥有的丰富资源是绝大部分零售企业所不具备的。对于绝大多数零售企业来说，更为可行的方案是提高自身对新零售的认识，结合企业的实际情况，找准定位、稳步推进，在转型升级与风险控制之间找到平衡，这也正是出版此书的重要意义所在。

CONTENTS
目 录

CHAPTER 1
新零售：新消费时代的零售进化法则

CHAPTER 2

"智能+"：赋能传统零售转型升级

CHAPTER 3

自我迭变：新零售环境下的进阶方向

CHAPTER 4

AI+零售：人工智能时代的零售生态圈

CHAPTER 5

区块链+零售：重塑零售体验与效率

CHAPTER 7

重构供应链：新零售时代的物流升级

CHAPTER 1

新零售：新消费时代的零售进化法则

1.1 基于“新零售之轮”理论的业态升级

驱动因素：技术迭代与消费升级

目前，我国零售业呈现出迅猛发展之势，行业规模不断扩大，零售业态越发丰富，网络零售迅速崛起。我国人口基数庞大，拥有广阔的消费市场，各界人士都积极探讨与分析，致力于促进零售业发展。

在2016年举办的云栖大会上，马云提出“新零售”这一概念，并对其做了具体阐述：“未来的十年、二十年，没有电子商务这一说，只有新零售一说。也就是说，线上线下和物流必须结合在一起，才能诞生真正的新零售。线下的企业必须走到线上去，线上的企业必须走到线下来，线上、线下和现代物流融合在一起，才能真正创造出新零售。”

结合马云的观点，笔者认为新零售是一种全新的零售模式，是在互联网商业环境中利用互联网技术将线上、线下、物流相融合，构建“店商+电商+物流”的新型零售模式。新零售的出现将彻底颠覆零售业现有的格局。

任何一种业态的出现和发展都要遵循客观规律及其内在动因，新零售也是如此。经过十几年的发展，我国电商市场越发成熟，竞争越发激烈，纯电商的流量红利逐渐消失，发展进入瓶颈期。同时，传统零售业呈现出一些新特征，也遇到了一些新问题，如供应链体系无法适应市场需求，导致传统零售模式很难适应快速变化的市场。在这种情况下，零售市场亟须一种全新的经营模式来适应复杂且多变的市场环境。

“新零售”这个概念一经提出就受到了广泛关注，引发了热议。目前，相关研究成果主要集中在基础性研究方面，包括新零售的定义、模式、发展路径、对电商的影响等。新零售的出现给传统零售商、纯电商带来了挑战，也给传统电商带来了突破发展瓶颈的机会，可以推动零售业实现可持续发展。就个人观点而言，新零售是在消费升级、技术升级的背景下产生的，这种商业形态符合时代发展要求与市场环境变化。

在“互联网+”行动深入开展的今天，云、网、端共同构成了社会基础设施体系，为新零售的发展提供了强有力的支撑。“云”主要指大数据、云计算，“网”主要包括互联网与物联网，“端”则以传统计算机终端、移动终端、智能传感器、穿戴设备为代表。在零售行业长期发展过程中，商家十分注重与消费者的互动及相关的数据统计与分析。随着技术不断升级，零售企业能够进一步提高消费者在运营过程中的参与度。

★第一阶段，零售店采用POS系统收集基础数据，对顾客进行统一管理并推行会员体制。

★第二阶段，进入互联网时代后，经营者开始利用社交媒体及移动端收集消费者的相关数据。

★第三阶段，随着大数据、移动终端、智能传感器等技术高速发展，零售商引进这些技术，结合应用场景定位、近场感应终端等技术与工具，优化线下场景，实现人与设备之间的连接。

★第四阶段，“物联网+新零售”时期，利用远程无线技术发展物联网，依托物联网向终端用户及相关系统发送实时信息，让智能设备能够对消费者进行实时感知。如此一来，零售商就能通过这些设备和与之连接的零售系统获取消费者信息，利用智能系统提升自身的管理能力及操作能力。

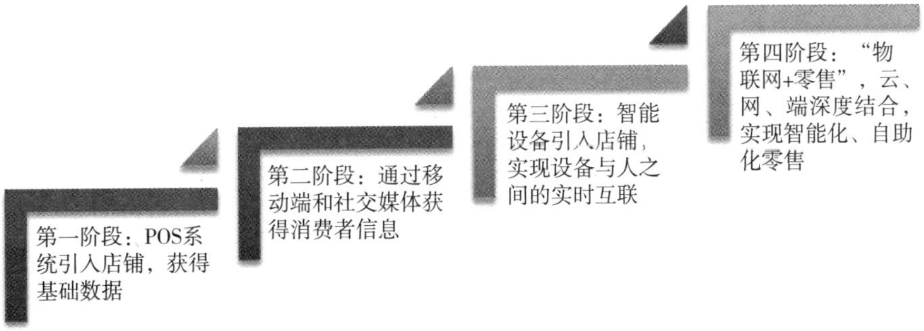

图1-1　零售与技术结合的发展阶段

现阶段，国内零售业的发展正在从第二个阶段向第三个阶段过渡，即在场景服务运营商的帮助下，实现与互联网的结合发展，充分发挥网络技术的作用实现场景定位，利用智能传感器、近场感应终端等设备，搜集消费者的购物行为数据并进行有效分析。

随着快速发展的物联网技术在零售行业中的应用范围不断拓宽，零售业将进入新的发展时期，实现与物联网的结合发展，使零售行业的经营范围不断延伸。在这个时期，新零售平台利用网络技术，如大数据、云计算、人工智能技术等，加强与供应商、分销商、品牌商的合作，提高零售行业发展的智能化水平，不断完善相关的基础设施，为合作商提供诸多益处，与消费者建立双向沟通互动关系。在这个过程中，技术升级有效推动了新零售向健康、稳定、成熟的方向发展。

基于“新零售之轮”理论的思考

因为新零售刚刚起步，相关的理论体系还不健全，所以，基于经济学理论对新零售进行深入研究是当前非常重要的一项课题。下文以我国零售市场的发展现状为切入点，通过对中国零售市场呈现出来的特征进行归纳总结，利用“新零售之轮”理论对新零售业态进行阐述，对新零售未来的发展方向进行预测。

◆“新零售之轮”理论的概念与内涵

1996年，日本学者中正西雄以“零售之轮”理论和“真空地带”理论为基础提出了“新零售之轮”理论，该理论对新零售业态出现、形成原因及新旧业态之间的竞争做了解释，从产业角度对零售业态变化过程与规律做了阐述。“新零售之轮”理论主要包括四大内容，分别是技术边界线、零售价格、等效用线、零售服务水平。其中，技术边界线指的是某种零售业态在某种服务水平约束下的最低零售价格线。当然，不同的零售价格对应不同的零售服务，两者如何组合则要对物流、信息、技术、管理水平等因素进行综合考虑。

◆“新零售之轮”理论对新零售的解释

新零售的出现是对“新零售之轮”理论最好的验证。与传统零售业态不同的是，新零售是在电商及传统零售的基础上，通过线上电商、线下实体零售的全面融合，利用云计算、人工智能、物联网、大数据等新技术，打破了线下实体零售的时空限制，解决了传统实体零售因无法对商品进行全面展示导致顾客放弃购买的问题，并提升了传统电商的购物体验，最终形成了一种新的零售业态——新零售。

用经济学理论对此进行分析就是：受互联网技术革新的影响，技术边界不断向右下方移动，在这个过程中总会有一条等效用线与之相切。在这种情况下，消费者的效用没有改变，但其拥有的服务和支付的价格却发生了实质性变化。新的技术边界线出现表示消费者能够以现有的价格获得更多零售服务，或者以更低的价格享受现有的零售服务，从中获取更多益处，但在技术边界线左边的企业将在市场竞争中处于劣势。

由此可见，随着技术不断革新，新零售业态将不断出现。零售企业之所以致力于技术革新，其原因主要有以下三点。

（1）如果技术边界线长期不变，企业间的竞争将越发激烈，零售业企业之间的利润将平均化，整个行业的利润将不断下降。所以，零售企业要想在激烈的市场竞争中获胜，就必须挖掘、培养新的竞争优势，只有这样才能重新获取高额利润。这样一来，企业必须开始新一轮的探索与革新。

（2）技术边界线左侧的企业迟迟无法在市场竞争中占据优势地位，所以无法和技术边界线上的企业一样享受政策利润，其结果无外乎退出竞争或决绝迎战。为了在市场竞争中获胜，这些企业会拼尽全力推行技术革新。

（3）如果零售行业的平均利润高于其他行业，就会吸引其他行业的企业源源不断地涌入，新进入的企业为了在市场竞争中占据优势，会将其在其他行业掌握的技术革新力量发挥出来。

◆ 新零售依然面临"新零售之轮"循环

"新零售之轮"理论对新零售出现的动因做出了解释。新零售出现之后，整个零售业呈现出多种业态并存的局面，但这并不代表原有的零售业态会退出市场。所以，零售企业价格与服务的最佳组合只能发生在技术边界线上。因为零售行业的竞争依然非常激烈，所以零售企业要想占据优势地位，必须提高服务水平或降低产品价格，而且其移动路径不能偏离技术边界线，除非再次发生技术革新，导致技术边界线再次移动。

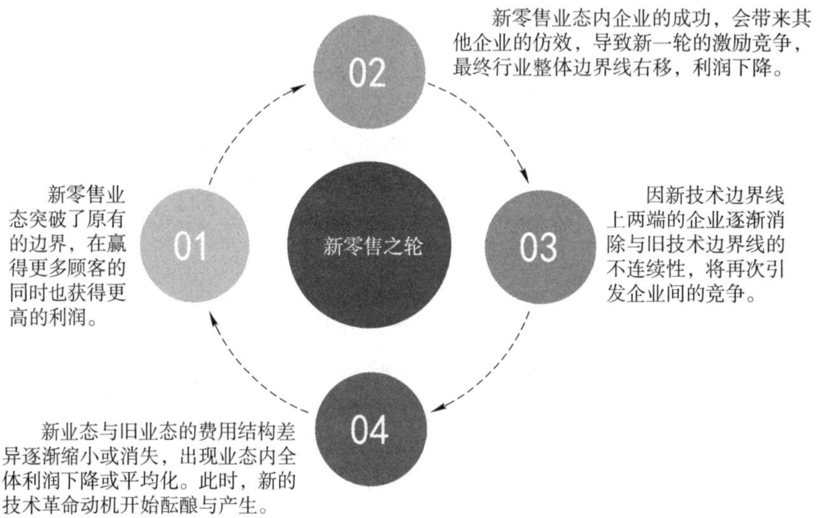

图1-2 “新零售之轮”循环图

事实上，在现实生活中，技术边界线不会轻易移动，因为技术边界线的移动不仅需要新技术的出现与应用，还需要时间的积累。只要下一阶段的技术革新尚未到来，新零售企业就必须面对未来的竞争。只要有一家企业在新零售业态中获得超额利润，就会产生示范效应，吸引其他企业效仿，推动自己的技术边界线向右移动。随着吸引的企业越来越多，原本获得超额利润的企业所获利润会不断减少，从而形成“新零售之轮”循环。

新零售业态的出现也要以技术边界线为基点，还要考虑企业的市场定位。随着新零售不断发展，整个零售业态呈现出多元化的特点。因为零售企业采用不同的方式对资源进行配置，所以产生了异质性的零售企业，这种异质性的出现既有业态内部的原因，也有业态之间的原因。虽然企业能利用先进技术获取超额利润，推动新旧业态交替，但不会有一种业态代替其他所有业态。

新消费环境下的零售转型与升级

过去，零售业的发展都是以产品为主导；现阶段，零售业的发展开始以消费者为主导，并逐渐过渡到以消费为主导。

过去，在以产品为主导阶段，商家关注商品，企业关注产品，都追求利润最大化或成本最小化。在这种生产或供给决策中，虽然企业应用了先进的生产技术或管理理念，使产品实现了大批量生产，但零售店铺也会面临商品积压问题。库存积压导致生产企业、销售企业的资金难以流动，企业很难实现可持续发展。如果不考虑经济下行因素的影响，导致这种现象出现的原因就是实体店铺提供的商品和服务难以获得消费者的认可。在当前竞争如此激烈的市场环境下，企业制胜的关键是商品，但又不仅仅是商品。

在以消费者为主导的时代，消费者购买行为与需求发生了一定的变化，呈现出一些新特点，如购买渠道数字化、社交化，注重消费体验与产品质量，个性化的消费需求越来越多，支付结算移动化，等等。在这种形势下，商家逐渐将关注点转移到顾客需求方面，集中一切资源营造顾客需求至上的购物环境。零售企业、零售商只有满足消费者需求，才能增强消费者黏性，刺激消费者重复购买。

很多大型实体零售企业在巩固自己原有的实体零售业务的同时积极拓展行业边界，实现了多元化发展。在这个过程中，零售企业积极拓展经营领域，从多个层面刺激消费者产生购买冲动，从而提升消费者的渗透率。随着零售企业经营边界不断拓展，过去单一的零售市场的竞争逐渐转变为对多场景消费资源的掠夺。

例如，2016年1月，永辉超市对标盒马鲜生，500平方米的店铺采用多重餐厅结合的方式为消费者提供新鲜、安全的食材，吸引消费者频繁购物，延长消费者在店铺的停留时间。永辉超市将盒马鲜生的这种模式称为“会员电商超级物种体验店”，通过将餐饮与超市相结合，不仅满足了消费者对更优质生活的追求，还增加了店铺的营业收入，甚至使线下门店的盈利结构发生了一定的改变。

零售企业的这种跨界实现了传统零售与金融、本地服务、娱乐、社交、物流等行业的整合，可以增加店铺流量，吸引消费者积极参与购物消费。同时，通过这种跨界整合，零售企业的经营边界越发模糊，呈现出多元化的竞争格局。

供应链管理是围绕核心企业，在物流、信息流、资金流的支持下，产品在供应商、分销商、制造商、零售商、消费者之间实现合理分配的过程。为了更好地满足消费者需求，降低企业经营管理成本，零售企业纷纷整合资源强化对物流、仓储、货源的管理，使企业供应链管理能力有所提升。但目前，大部分零售企业的供应链管理与对供应链管理的认知比较滞后，无法跟上零售业的发展步伐。在零售业快速发展的形势下，零售企业的供应链管理必须做到以下几点。

（1）快速同步。任何品牌与平台都需要很长一段时间制定或调整自己的供应链计划。在这种情况下，供应链效率深受不同供应链同步时间的影响，所以不同供应链计划快速同步非常重要。为此，零售企业要根据不同的场景在最短的时间内对各种变化带来的影响进行模拟、量化，以加快决策，提升供应链管理效率。

（2）端点处可视化协作。零售企业外部协作工厂存在可视化程度低、库存积压严重、客户响应度低等问题。零售企业要想规范管理，降低运营风险，必须通过供应链协作、物料拉动、产能协作等策略使管理监控过程内部化。

新零售模式未来发展的演变路径

根据“新零售之轮”理论，零售行业的技术边界线不断向右下方移动，从而催生了新零售，所以，与传统零售业的发展现状及特征相结合可获知新零售未来的演变路径。

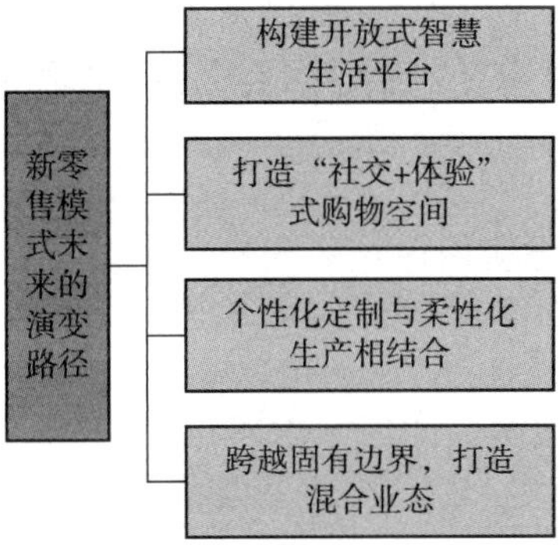

图1–3　新零售模式未来的演变路径

◆ 构建开放式智慧生活平台

智慧生活平台指的是实体零售企业在传统商业经营模式的基础上，立足于满足消费者需求，利用互联网技术推动实体零售业与其他行业相融合，如商业地产、交通出行、旅游服务、医疗保健、文化传播等，打造智慧场景，创建一个集线上电商与线下实体零售于一体的开放式平台。

具体来说，智慧生活平台就是围绕消费者对智慧生活的体验，通过对线上渠道、线下渠道进行整合，以实体经营场所为依托，利用原有的资源构建一个以Wi-Fi、Beacon等技术手段为基础的设施服务平台，打造一个集智慧电影、停车预约、寻找店铺、排队等于一体的购物场景，让消费者享受场景式购物体验，从而让消费者在购物过程中保持最佳的体验状态。

同时，该平台还可以利用已有的互联网资源为消费者提供大会员、大数据、大营销服务，覆盖所有的会员，打通各个渠道的会员积分体系，让会员保持较高的活跃度，挖掘其线下消费能力。

◆ **打造“社交+体验”式购物空间**

如前所述，“新世代”消费者与“上一代”消费者不同，他们追求的不仅仅是低价、折扣，还有多元化的社交服务、个性化的购物体验。他们更喜欢以互联网平台为依托，通过相互交流获取所需信息，或向有过购买经验的亲朋好友询问意见，最终根据相关信息做出购买决策。在新零售环境下，零售企业不能再使用传统的守株待兔式的经营方式，而是要主动出击。

零售企业可以将微博、微信、QQ等社交工具引入企业管理，构建网络平台，利用网络平台与社交工具组织客户资源，通过社会化媒体在线为客户提供娱乐化、社交化的信息增值服务，利用实体店铺在线下让顾客享受真实的购物体验，让消费者从体验产品延伸到体验服务。

◆ **个性化定制与柔性化生产相结合**

个性化定制、柔性化生产指的是产品生产厂商先通过互联网对产品进行预售，收集消费者对产品的个性化需求，待消费者需求达到一定规模后再安排生产。预售模式的优势主要体现在以下两个方面。

（1）通过预售，企业可以先掌握消费者需求再组织生产，从而减少库存积压，提升资源利用率。

（2）预售可以更好地满足消费者的个性化需求。

利用C2M模式，企业可实现个性化定制与柔性化生产。C2M（Customer-to-Manufactory），意为顾客对工厂，简称客对厂。这种模式产生于工业互联网时期，与B2C模式有明显的差异。C2M模式讲究以消费者为中心，通过智能化、工业自动化、网络化、定制化相结合，利用互联网将不同的生产线串联在一起，借计算机系统实现点对点的数据交换，最终根据顾客提交的个性化订单组织生产，开展工业化定制生产，满足消费者对个性化产品的需求。

这种新型的互联网电商模式是以社区SNS平台、B2C平台为基础建立起来的，在这种新型零售模式下，零售企业、生产企业利用大数据、云计算等技术共建新型电商平台，为消费者提供订单提交、用户分析、设计打样、加工制造、物流配送、交易结算等服务，切实满足消费者对产品的个性化需求，同时增加企业收益。

◆ 跨越固有边界，打造混合业态

新零售可以看作零售行业出现的新物种，其未来的发展不仅是线上、线下、物流的全面融合，还有可能颠覆实体零售企业或电商现有的组织架构，使二者的经营边界日益模糊。例如，B2B模式对应的是生产要素市场，B2C模式对应的是品牌市场，C2C模式对应二手市场，C2B模式对应创意产品或定制产品市场等。随着O2O模式的出现，将有更多服务进入基础交易领域。

综上所述，新零售是随着技术革新出现的一种全新的零售业态。根据相关经济理论，在这种技术革新的推动下，技术边界线将持续向右移动，从而在新的技术边界线上形成新的均衡点，这种新的均衡点是根据消费者多元化的需求确定的。

新零售业态的形成再次验证了“新零售之轮”理论。根据“新零售之轮”理论，如果某零售企业可以率先成功推行新零售战略，就能获得高于同行的垄断利润，但同时，该企业的成功会产生示范效应与扩散效应。随着越来越多的企业效仿，企业间的竞争会越发激烈，行业利润会不断下降，从而形成“新零售之轮”循环。

虽然技术进步可使企业获得超额利润，推动新旧业态更替，但需要注意的是，新业态无法完全取代旧业态。所以，在新零售环境下，企业仍然要制定差异化战略，从不同方向切入对新零售模式进行探索，通过技术革新获取竞争优势，在市场竞争中占据有利地位。

消费升级下的零售企业创新策略

在新零售模式吸引各路玩家疯狂布局的形势下，零售企业不能再保守地沿用传统思维，但也不能盲目从众，要深入分析各路玩家布局背后的真正逻辑，分析其实现消费升级的策略与路径，通过总结借鉴降低试错成本，找到真正适合自身的新零售转型之路。在传统电商时代，经销商在商品供给中居于主导地位，虽然有一部分电商平台和厂商合作探索C2M模式，但这部分电商占比很小，大部分电商根据自身的利益诉求、结合此前积累的经验向生产商采购商品，忽略了消费者的真实需求。

在这种情况下，商品供给与需求错位，虽然商家提供了大量商品，但消费者却找不到能够满足自己需求的商品。为了促进产品销售，商家不得不在营销环节投入极高的成本，但因为产品不符合用户需求，产品销量很难达到预期水平。一段时间后，便会出现较为严重的库存积压，给企业带来较大的现金流压力。

在个性回归的消费升级时代，用户对那些忽略自身需求、生硬推广产品的商家会产生抵触心理，营销效果很难尽如人意。因此，零售企业想要打破发展困境，必须变革传统的商品供给模式，从企业本位转变为用户本位。

在数字经济时代，随着大数据的广泛应用，零售企业高效精准地分析用户需求成为可能。通过对用户社交、出行、评论、电商等数据进行深入分析，企业可以比用户更了解自己。从搜集用户数据到分析用户需求的整个过程都不需要用户直接参与，避免了传统用户调研过程中“查户口式”调研给用户体验带来的负面影响。

微信、微博等社交媒体的发展为商家和用户无缝对接提供了有效途径。例如，商家可以通过微信群和用户实时沟通交流，搜集用户反馈建议，实现产品定制设计、生产、营销，从源头上解决库存积压问题。

在传统电商时代，消费者线上购物时只能通过商家提供的文字、图片、视频了解商品，这些内容大多经过商家精心设计，消费者很难获得真实的产品信息，很难做出科学的购买决策。即便收到商品后发现实物与描述不符，大部分消费者也会因为退换货时间成本高、流程烦琐等原因放弃申请售后，甚至担心受到不良商家的电话骚扰不敢给商品差评。

有的消费者发起售后申请，却经常被客服因各种原因而拖延，有的客服甚至会以商品页面某个不起眼位置标注的“图片、视频仅供参考，请以实物为准”为由推卸责任。同时，我国物流业发展尚未成熟，电商物流时效性差，包裹损坏、丢失问题经常发生。总而言之，传统电商并没有给用户提供优质的购物体验。

进入新零售时代之后，用户体验商品的渠道更加多元化，不但可以在线下门店实际体验商品，还可以通过AR/VR设备在虚拟空间体验商品。在体验商品的过程中，消费者不但可以了解商品信息，还能通过商家定制的体验场景，体验生活方式、品牌文化、企业价值观等，实现用户体验的全面升级，刺激用户重复购买，形成口碑传播。

此外，传统电商平台，尤其是淘宝、天猫、京东等综合性电商平台固然商品品类丰富，但产品同质化严重，很容易使用户陷入选择困境。对于那些没有品牌偏好的消费者而言，想要在这些综合性电商平台上选购一件合适的商品，往往需要付出较高的时间成本。但在新零售模式中，零售企业可以根据用户数据分析结果向其推送符合其偏好与需求的商品，帮助用户在最短的时间内制定出最合理的消费决策。

【案例】瑞幸咖啡+腾讯：新零售创新玩法

瑞幸咖啡从2018年初试运营至今，已在北京、上海、广州、西安、青岛等全国22座城市开设了2000多家门店，成为国内第二大连锁咖啡品牌，获得了咖啡爱好者、餐饮行业从业者及各大自媒体的广泛关注。

瑞幸咖啡的迅速崛起得益于精准的品牌定位——新零售专业咖啡运营商、移动互联网时代的新咖啡品牌，也受益于中国咖啡市场的大爆发。近年来，国内的咖啡市场蓬勃发展，在这样的市场环境下，瑞幸咖啡借助互联网营销，打出了“高品质+低门槛+重金补贴”的组合拳，推广了一种全新的消费观念，改变了消费者的消费习惯，将“瑞幸”这个品牌名根植到消费者的脑海中。

◆ **腾讯赋能：打造智慧运营系统**

2018年9月，瑞幸咖啡与腾讯签署战略合作协议，正式达成战略合作，共同打造智慧门店，对图像识别、机器人配送、人脸支付等技术在智慧门店的应用进行探索。在腾讯的支持下，瑞幸咖啡升级了自己的智慧运营系统，使派单、订货、品控、营销均实现了智能化。

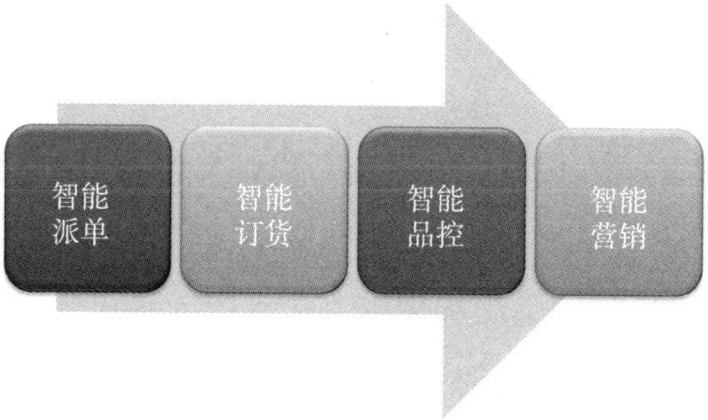

图1–4　瑞幸咖啡的智能运营系统

（1）智能派单

如果同时收到多名顾客提交的订单，瑞幸的智能派单系统会根据顾客位置、订单数量、店内人员数量、设备数量制定科学合理的派单策略，在保证门店正常运转的同时提高订单配送效率，保证每位顾客都能在最短的时间内收到商品。

（2）智能订货

在智能订货系统的辅助下，瑞幸咖啡能够以天气、节日、周边竞品店的开设情况等为依据，对未来3个月的进货量进行预测。

（3）智能品控

未来，瑞幸咖啡会在咖啡机上安装传感器，对咖啡机的水温、流速等指标进行实时监测。一旦咖啡机发生故障，品控中心就能立即知晓，向门店发出维修通知或更换通知。

（4）智能营销

瑞幸咖啡注重用户画像，可以根据用户的口味偏好有针对性地为其推送优惠券，每位用户收到的优惠券都不一样。未来，瑞幸咖啡还能根据用户喜好为其推送不同的内容，在“千人千券”的基础上实现“千人千面”。

◆ 瑞幸咖啡的零售创新玩法

（1）线上流量赋能

在与腾讯达成战略合作之后，瑞幸咖啡将利用微信在社交流量和场景方面的优势，借助小程序会员、小游戏、微信广告等开展差异化经营。也就是说，用户可以通过微信小程序进入瑞幸店铺购买咖啡，瑞幸也可以在微信朋友圈有针对性地向用户推送广告，或通过微信小游戏向用户发放优惠券，为用户增添更多乐趣。另外，瑞幸咖啡还将利用微信小程序切入门店点餐与外卖等场景，为用户提供自助点餐与外卖服务，从而提高门店服务效率，整合更多自由流量。

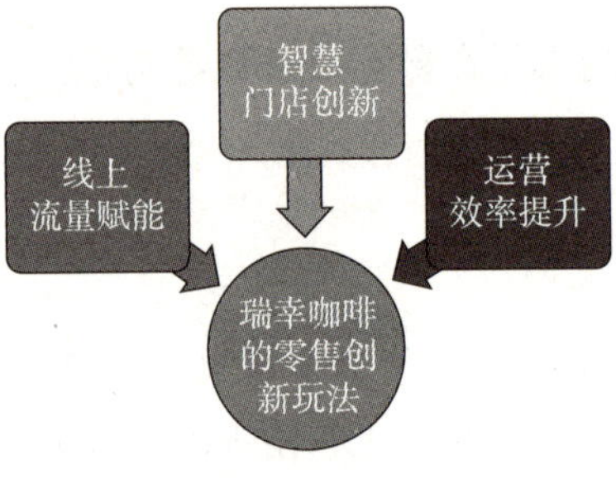

图1–5　瑞幸咖啡的零售创新玩法

（2）智慧门店创新

瑞幸咖啡将与腾讯在人脸支付、VR互动、机器人配送等领域展开合作，提高消费者的消费体验。未来，在瑞幸咖啡，用户可以享受大数据导购员推荐的咖啡，通过人脸识别系统付款，体验VR互动，接受机器人配送。除此之外，瑞幸咖啡还将利用腾讯提供的大数据优化门店选址，根据外卖订单数据分布的热力图选出最佳门店位置。为了覆盖更多用户，瑞幸咖啡会增加开店密度，推出外卖业务，为更大半径范围内的用户提供方便。

（3）运营效率提升

为了实现精准营销，瑞幸咖啡自上线第一天起就为用户行为设置标签，目前积累的标签已有100多组。未来，瑞幸咖啡将利用自己积累的这些标签，结合腾讯提供的消费数据，在保证商家及用户隐私的前提下，为不同的用户推荐不同口味的咖啡，推送不同的优惠券，真正实现“千人千面”的精准营销。同时，瑞幸咖啡会利用这些数据为用户画像，获知用户的消费习惯，如喜欢喝冰咖啡还是热咖啡，喜欢拿铁还是卡布奇诺等，对消费者的消费趋势做出精准预测，与消费者建立智慧连接。

瑞幸咖啡为用户提供了很多新奇的点餐体验，如手机下单支付、扫码取咖啡、通过手机观看咖啡制作过程等。另外，用户还能在点咖啡时通过AI人脸识别技术享受刷脸支付，获得不一样的消费体验。

瑞幸咖啡还与猎豹移动公司合作打造了全球第一家“AI咖啡”，引入机器人，通过对机器人的机械手臂进行调试，让机器人可以精准地模仿咖啡大师的动作，磨豆、冲泡、打奶沫、鲜奶油拉花，时间、角度都控制得非常精准，在保证咖啡口感的同时，节约咖啡制作时间，降低人工成本。

除咖啡外，瑞幸还涉足无人驾驶技术领域，尝试无人配送。2018年6月，瑞幸咖啡携手“真机小黄马”在北京工业大学完成了一场无人车配送咖啡的试验。“真机小黄马”内部安装了激光雷达和GPS导航，可精准探测路况、自主定位、自动导航，在行驶过程中可以自动躲避行人、车辆等。在试验过程中，瑞幸咖啡门店收到订单之后，店员立即将咖啡制作出来，放到无人配送车的货仓，打开手机APP，点击“出发”，无人车即开始配送，顺利地将咖啡交到用户手中。

1.2 赋能法则：新零售环境下的商业重构

法则1：有效提升商品流通效率

在新零售环境下，线上、线下、物流融合，流通体系得以重构，一种全新的商业模式应运而生，流通效率大幅提升，流通成本大幅下降，引发了一场流通革命。

◆ **变革商品流通体系**

传统的商品流通要经过生产商、一级批发商、二级批发商、三级批发商、零售商等多个环节，新零售消除了这些环节，构建了一个全新的从品牌商经经销商、零售商到消费者或从品牌商经零售商到消费者的新型商品流通体系，使商品流通效率得以大幅提升。

在阿里巴巴“零售通”“农村淘宝”等板块的作用下，小城市及乡镇地区的商品流通体系得以重构。

以“零售通”为例，凭借阿里巴巴云平台的运营能力，“零售通”将品牌商、经销商、小零售商组织起来开展交易，让他们熟练使用互联网工具，消除了传统商品流通过程中的众多交易环节，使品牌商在网络渠道的垂直布局成本大幅下降，并让小型品牌零售商获得了一条更好的品牌供应渠道。

经过“零售通”的改造，传统便利店、夫妻店经营的商品品类更加丰富，经营场所更加整洁，经营成本有了明显下降，店铺人流量有了大幅提升。

◆ **催生新型商业模式**

新零售围绕消费者需求，利用数字化技术推动商业要素重构，推动零售经营模式、商业模式进一步创新。阿里巴巴与银泰商业集团合作就是传统零售向新零售转型的一次尝试。银泰借助阿里巴巴的云服务体系使商品、卖场、会员、供应链、组织管理均实现了数字化，开展了一场全方位的数字化革命。

阿里巴巴和银泰商业的合作打通了线上渠道、线下渠道，银泰与消费者接触的渠道大幅拓展，开始推行全渠道整合营销。除此之外，天猫与卡西欧合作的“智慧门店”，天猫与线上家居品牌合作的“生活选集”都是阿里巴巴在新零售环境下对零售业态、商业模式的创新。

◆ **提升企业运营效率**

在新零售环境下，供需双方实现了信息共享，信息不对称现象大幅减少，经济组织的运行成本有所下降，运营效率得以大幅提升。

从消费者的角度来看，在新零售环境下，线上渠道、线下渠道被打通，打造了一个多元化的购物场景，消费者购物过程中的搜寻成本、时间成本有所降低。以天猫和卡西欧合作的智慧门店为例，借助天猫在银泰卖场布设的显示屏，卡西欧成功地在有限的空间里为消费者展示全部货品，从而降低了消费者的搜寻成本，使月营业额有了明显提升。

在数据驱动下，盒马鲜生构建了一个线上线下一体化的模式，门店坪效有了大幅提升，是传统零售门店坪效的3～5倍。以盒马鲜生上海金桥店为例，该店的坪效为5.6万元/平方米，而同期其他传统零售店的坪效只有1.5万元/平方米。

从生产商的角度看，在新零售环境下，生产商与零售商可共享数据。以零售商提供的消费者数据为依托，品牌商可开展精准营销，提升企业的经营效率，帮助品牌商降低各种成本，包括市场调研成本、市场营销成本、需求搜集成本等。

从整个商品流通体系的角度看，在新零售环境下，整个零售行业的流通效率有了大幅提升，原有流通渠道的交易成本大幅下降。随着新兴物流技术的推广应用，零售商在物流方面的支出大幅减少。

根据阿里巴巴提供的数据，自菜鸟网络推出通过大数据智能算法分配订单的路由之后，快递公司包裹与网点可实现精准匹配，匹配准确率超过98%，快件分拣效率提升了50%以上。在菜鸟网络对快递节点进行优化之后，近八成线路的业务量有所增加，且平均用时有所减少，整体效率有了大幅提升。

通过对历年天猫“双11”期间的配送效率进行对比，可以非常清楚地看到物流效率的提升。以发送1亿件包裹为例，2013年，1亿件包裹签收需要9天；2017年，1亿件包裹签收只需要2.8天。虽然“双11”给几乎所有的物流企业都造成了极大的压力，但通过这种压力测试，新零售发现了问题的痛点，打通了物流过程中的各个环节，使整体物流效率得以切实提升。

法则2：驱动零售生态价值共生

零售商在整个商业生态中发挥着润滑、黏合作用，既协调着供应商与零售商之间的关系，又增进了零售商和消费者之间的联系，创造出更多商业机会。

过去，供应商与零售商之间是对立关系。而在新零售环境下，零售商为供应商赋能，二者开展深度合作，形成了一种互利共赢关系。零售商为供应商提供消费者数据，例如，消费者年龄、性别、地址等基本信息及消费者需求，供应商可以根据这些信息对目标市场的需求、偏好做出充分了解，从而缩短新品研发周期，制定更合理的生产计划，生产出更契合市场需求的产品。

根据天猫披露的数据，利用大数据开展新品研发活动使产品研发周期缩短了一半（从18个月缩短至9个月，其中还有8个月的产品制造期），原本市场调研、潜在顾客挖掘、市场评估等活动需要10个月才能完成，在大数据赋能后，整个过程只需1个月的时间。

通过全渠道融入赋能。在新零售环境下，线上、线下资源实现了有机融合，新零售平台利用自己的终端优势进行市场推广，开展终端营销，为品牌商成长提供支持与助力。例如，银泰百货建立精品买手店“生活选集”，汇聚了很多线上品牌，将实体店、银泰百货天猫旗舰店、品牌旗舰店的价格、库存做了整合，实现了线上、线下同款同价。通过“生活选集”，线上品牌找到了线下销售渠道，实现了全渠道销售。同时，消费者增强了对线上品牌的体验感，购买转化率得以有效提升。

在传统零售环境下，零售商与消费者之间是单纯的买卖关系。而在新零售环境下，零售商触及消费者的渠道越来越多，二者之间形成了紧密的情感连接，最终提升了消费者的获得感。

零售商触及消费者的需求链。新零售平台可通过大数据绘制消费者的消费图谱，对消费者需求进行深度挖掘，真正走进消费者的生活。

新零售平台可以消费者需求为依据为其提供相应的增值服务，向产品生产厂家提交消费者需求信息，让市场能及时上线契合消费者需求的产品和服务。如此一来，零售商就成为消费者的代言人，零售商与消费者之间的关系将变得更加紧密。

全渠道营销与流通增强了消费者黏性。以零售平台为依托，新零售打通了线上、线下、移动端和各种终端，让品牌商、分销商、零售商、服务商可以开展全渠道营销。通过全渠道融合，品牌商、零售商与消费者之间的触点越来越多，时空限制被打破，品牌商、零售商可频繁、持续地与消费者接触。

2017年“618”期间，天猫开设了“新零售体验馆”，将线上、线下会员体系打通，与SK-Ⅱ等美妆品牌建立合作关系。这些品牌的美妆顾问在线上为顾客提供可视化咨询服务，借助虚拟现实技术让顾客动态试装，让顾客享受到线上线下一体化服务，从而增强顾客黏性。

法则3：按需生产与柔性化定制

在新零售环境下，生产过程发生了极大的变革，民主程度更高，而且实现了个性化设计、定制化生产。

◆ “拉式”供应链确立

传统零售活动的供应链是“推式”供应链，是由生产商、供应商推动的。在这种供应链模式下，生产商根据市场调研组织产品生产与开发，制定总目标，将目标逐层分解到下游的企业和零售商中。这样一来，供需分离、库存积压，生产者很难及时对市场需求做出反应。

在新零售环境下，零售主体的价值排序得以重构，“推式”供应链转变为“拉式”供应链。在“拉式”供应链下，零售商可以根据大数据分析结果还原消费者的生活场景、消费场景，对消费者需求、偏好进行深挖，将数据反馈给上游品牌商与供应商。品牌商和供应商可以借此组织产品生产与研发活动，制订合理的生产计划。在这种情况下，以需求为导向的供应链模式得以构建，获取消费者需求成为开展供应链活动的第一步。

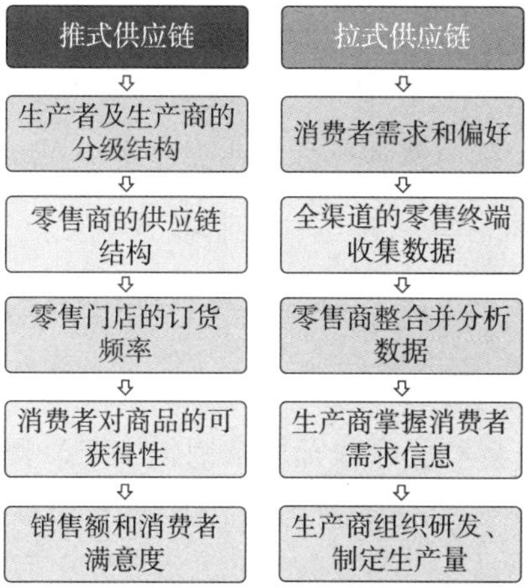

图1-6　推式供应链与拉式供应链对比

◆ 实现按需生产

新零售通过对消费数据进行挖掘了解消费需求，从而实现对传统制造业的反向定制，为“按需生产”的实现提供无限可能。在新零售环境下，传统商业模式中供需脱节、供需分离的问题得以解决，供给与需求全面打通，企业精准定位自己的目标消费群体，通过收集目标消费群体的需求组织产品研发与生产，真正实现市场洞察。

以天猫和某家电品牌的合作为例，天猫通过大数据分析精准预测洗衣机的市场需求，指导该企业直接生产10L的洗衣机，不仅在产品层面获得了极大的成功，而且引领了市场的发展趋势，帮助制造商实现了按需生产，解决了库存积压问题，真正做到了产销对路。

◆ **发展柔性定制**

在新零售环境下，随着消费不断升级，消费者需求日益个性化，大规模、标准化生产方式下生产出来的产品无法再满足消费者需求，社会生产方式从大规模、标准化生产转变为柔性化生产，整个社会的生产方式变得更加精益化、柔性化、定制化。

以天猫、奥利奥、五芳斋的合作为例，在端午节期间，天猫平台推出了五芳斋定制粽子，消费者在天猫平台下单，根据个人喜好定制粽子，包括粽子的口味、风格等。在这种定制模式下生产出来的粽子组合多种多样，彻底打破了传统食品的制造流程，促使标准产品实现了非标准化生产。

另外，天猫还与奥利奥合作开展定制化生产，奥利奥利用天猫收集的消费者需求对平台交易流程做了改造，推出个性化定制活动，吸引消费者参与到产品定制过程中，让消费者自行填色、涂色，使消费者的个性化需求得到充分满足。这项为期3天的活动售出4万份定制奥利奥，销售额近600万元。

法则4：全方位提升消费者体验

零售行业发展与社会消费需求变革呈现出相互拉动、相互促进、螺旋式上升的规律。随着新零售不断发展，居民消费理念、消费方式、消费结构、消费档次实现了全方位升级。

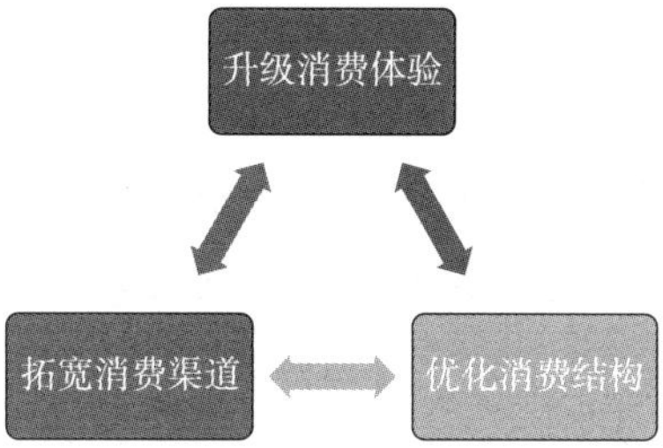

图1–7 全方位提升消费者体验

◆ 升级消费体验

新零售优化了消费者的购物体验，让消费者从物质层面的满足上升到心理层面的满足。例如，盒马鲜生虽然不是超市、便利店、菜市场、餐饮店，但却具备了上述零售业态具备的所有功能，成为一个集超市、便利店、餐饮、电商、菜市场、物流等业态于一体的复合零售业态。盒马鲜生通过将线上、线下、物流相融合，为消费者提供半径3千米30分钟快速送达服务，带给消费者极致的购物体验。为享受盒马鲜生这种极致的配送体验，很多消费者开始在盒马鲜生配送范围内买房置业，由此产生了“盒区房”这一概念。

◆ 优化消费结构

新零售促进了全渠道融合，消费者可借此享受到多场景、多方式的购物体验，打造多元化的服务内容，推动居民消费结构不断升级，从商品消费转向服务消费。

以天猫和银泰的合作为例，二者的合作将传统百货从“坐商”发展为“行商”，推动传统实体商业不断转型升级，促使实体经济实现创新发展。

二者合作开发的“喵街”对所有实体零售店铺开放，“喵街”可以根据消费者所处位置向其推送周边的店铺信息，让消费者享受吃喝玩乐一站式服务。

银泰还将自己的会员体系与天猫打通，不仅可以触及消费者，还能对消费者进行识别、运营，为消费者提供更精准的服务。由此可见，新零售平台不仅能优化消费结构，还能创造新的商业基础设施，为未来的零售行业服务。

◆ **拓宽消费渠道**

在新零售环境下，消费者选购商品与服务的渠道越来越多，其对高档商品与服务的需求得到了极大的满足，促使消费回流。例如，天猫国际、银泰开辟了多条渠道满足国内消费者对海外商品的需求，让消费者享受更极致的跨境购物体验。

2017年5月，天猫发起的“全球原产地溯源计划”在日本正式启动，每个进口商品都附加了一张“身份证”，记录着该产品从生产到销售的全过程，让消费者可以放心购买。

根据彭博社的研究，从2017年开始，我国海外消费开始回流，在这方面，天猫国际等从事跨境电商业务的平台发挥了至关重要的作用。根据天猫提供的数据，2014年2月上线以来，天猫国际的市场份额在国内跨境电商平台中连续5年排名第一位，累计服务人数超过4000万人。

法则5：我国经济增长的新引擎

新零售对社会经济发展产生了巨大的推动作用，纳税总额持续增长，就业吸纳能力、创新能力有了大幅提升，国际化进程越来越快。

◆ **创造经济新动能**

从本质上看，新零售就是利用平台型企业的带动作用将大数据、互联网等技术应用于商业领域，促使生产制造过程不断优化，交易成本不断下降，消费潜力持续提升，从而创造经济发展新动能。

新零售创造经济发展新动能的一大体现就是纳税额持续增长。例如，阿里巴巴的纳税额5年翻了10倍，2017年阿里巴巴的纳税额为366亿元。以天猫等新零售平台为依托成长起来的商家创造了大量税收。据统计，有些天猫商家是当地的纳税大户，纳税额排名前二十。以“三只松鼠”为例，该品牌于2012年诞生于天猫平台，2013年纳税额12万，2016年纳税额突破了1亿元，成为当地的纳税大户。目前，已有近百家对接新零售的天猫商家正在筹备IPO。

除此之外，在平台渠道终端零售商的带动下，制造商、品牌商的产值及税源呈现出加倍增长之势。据统计，在货物生产、批发、零售等环节，零售环节的产值贡献约占11%，生产与批发环节贡献了89% 的产值。这就表示，新零售平台每产生100元的销售额，就能拉动89元的生产与批发产值。据统计，在天猫等新零售平台的作用下，上游制造业的税收增长了近1800亿元。

◆ **提升就业容纳能力**

随着新零售不断发展，云计算、移动互联网等新工具，数据等新市场能源逐渐进入人们视野，为创新创业活动的开展产生了强有力的推动作用。在新零售环境下，经销者和消费者接触的渠道越来越多，消费者的潜在需求得到了深入挖掘，市场迎来了很多发展机会，“大众创新、万众创业”有了快速落地的基础，新零售能创造越来越多的新岗位。以云客服为例，云客服打破了时空限制，为很多有闲暇时间的人员提供了就业机会。

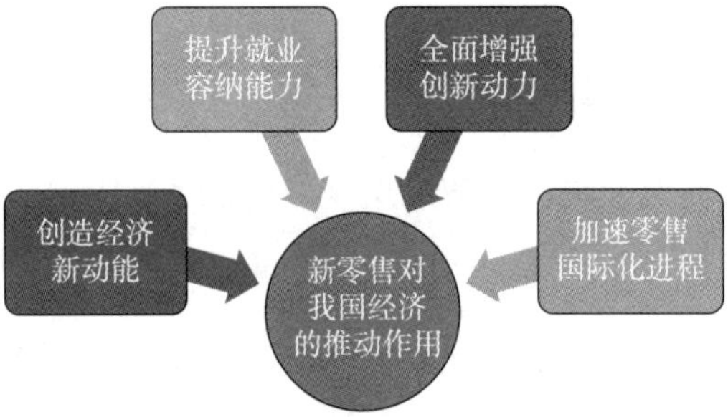

图1-8　新零售对我国经济的推动作用

根据统计，目前，在阿里巴巴旗下的新零售平台中，仅内容电商从业者就有100多万人，除此之外还有电商主播、“淘女郎”、设计师、数据标签工、数据清洗、数据采集、拣货员等，这些岗位都是随着零售平台的出现而出现的。

借助新零售，品牌商、物流行业等相关行业实现了快速发展，生产领域和其他服务行业的就业机会也随之增多。中国人民大学劳动人事学院课题组发布了《阿里巴巴零售电商平台就业吸纳与带动能力研究》报告，数据显示：2017年阿里巴巴零售生态创造就业机会3681万个，其中交易型就业机会1405万个，带动型就业机会2276万个。

◆ **全面增强创新动力**

新技术的出现及推广应用是新零售实现的基础。在大数据、云计算等技术的共同作用下，零售行业的市场效率得以大幅提升，零售行业发展步伐持续加快。同时，在新零售环境下，研发周期越来越短，生产工艺持续改进，相关行业的生产效率不断提升。随着技术创新效应从产业内延续到产业外，这些新技术被越来越多的行业吸收利用。由此可见，随着新技术与其他产业不断融合，其他行业的创新行为越发频繁，整个市场的创新能力将大幅提升。

◆ **加速零售国际化进程**

线上线下融合是新零售的核心，为商业活动的开展提供了新路径，不仅针对国内市场，还包括国外市场。跨境电商平台的出现为国际贸易开辟了一条新渠道，为国有品牌“走出去”提供了便利，使我国对外开放水平得以进一步提升。

2017年6月，天猫宣布要助力国有品牌集体“走出去”，以阿里巴巴电商板块积累的20亿商品为依托，利用过去十几年打造的涵盖交易、支付、物流、营销、数据、技术等方面的新商业基础设施，将天猫生态模式复制到东南亚、印度等200多个国家和地区，助力当地电商运营效率的提升，更好地为海外消费者服务。

例如，波司登在天猫“一店卖全球”的支持下进入国际市场，将商品销往澳大利亚等海外市场。在这个过程中，天猫承担了海外营销、推广的所有费用，极大地降低了波司登“走出去”的成本。在波司登的带动下，越来越多的国有品牌借天猫平台加快了“走出去”的步伐。

1.3 运营攻略：新零售模式的落地与实践

商品管理：注重品类管理的创新

零售业要想实现整个行业的发展升级，就必须进行创新。目前的行业环境也对零售企业的新零售改革提出了要求。所以，业内人士及企业都要积极探索、布局新零售，为行业发展做出积极贡献。为了体现新零售的价值，应根据具体情况，从企业层面、业态层面及专业层面进行创新发展。

现阶段，对新零售进行分析与实践十分必要。时至今日，历经20年发展的现代零售业已经进入升级改革阶段。与此同时，包括专业店、便利店、超市等在内的许多零售业态在经营及发展过程中都出现了严重的危机。在这种情况下，现代零售企业应该积极进行改革创新。

随着社会经济不断发展，行业环境发生了许多新变化，这些变化集中体现在商品市场、消费市场方面，身处其中的零售行业也要适时做出调整。迅速崛起的互联网零售存在许多不足之处，这些问题与互联网零售本身的特质、消费者需求的变化及行业发展环境密切相关。

从本质来看，无论是实体经营还是网络渠道运营，抑或是全渠道运营，其核心并无二致。无论哪种商业模式，在发展过程中都要遵循零售经济规律。从这个角度来说，线上渠道的零售运营也应及时改革。

一般来讲，所谓“零售”，即经营者与生产商合作进行商品采购，并组织商品出售的过程。在这个过程中，商品占据主导地位，零售活动有赖于以商品为中心的交易。从消费者的角度来看，他们是为了购买商品进入零售店，所以，在连接零售与消费者方面，商品发挥着纽带作用。所以，要研究新零售的发展，就必须对商品进行分析、探讨，对商品管理进行深入研究。

商品管理是指随着商品越来越多样化，经营者在了解消费者需求的基础上进行商品选择，优化自身的商品组合并开展商品营销。在具体经营过程中，零售企业要实施高效的商品组合管理方式，推出自己的结构性品类、目标性品类、优势品类等，满足消费者多元化需求，从而促进产品销售，提高门店的经营业绩。

许多因素会对企业的商品管理与品类管理产生影响。在具体实施过程中，经营者在遵循科学管理原则的同时，也要根据实际情况对商品品类进行调整，采取相应的技术性措施优化品类结构。

实体零售企业在长期发展过程中始终注重品类管理，经过多年的探索，国内企业在这方面积累了一定的经验。然而，面对外部市场环境的变化，零售企业要实施根本性的变革，根据新的消费特征来调整原有的品类管理，对接消费者需求。

从宏观角度来看，由于商品表现方式比较单一，线上零售企业在商品管理方面的发展空间比较有限。在商品展示方面，零售企业主要是将线下库存转移到网络渠道，以图片的形式展示商品，商品管理方面鲜有发展。

线上零售企业采用的是目录式的商品经营，在目前的消费环境中，这种销售模式已经不再适用。线上平台的店铺数量非常多，且每个店铺同时经营多个单品，在给消费者提供更多选择的同时，也增加了他们的选择成本。消费者线上购物时，如果不全面浏览这些商品，就很难找到性价比高、适合自己需求的商品。但商品浏览需要消费者付出大量时间与精力，增加选择成本，这就是线上零售企业缺乏商品管理基因导致的问题。

在商品种类不断增多，消费者的选择越来越丰富时，零售企业更要重视商品管理问题。实体零售固守传统的品类管理方式，网络零售缺乏有效的商品管理等问题使许多企业陷入发展困境。企业应该提高对品类管理的重视程度，制定有效的解决方案。

对于实体零售来说，商品始终占据着核心地位。零售企业要想吸引顾客的目光，就要提高商品的竞争力。为此，实体零售要注重品类管理，以消费者需求为核心进行商品组合，强化优势产品、差异化产品的地位，突出产品的价格优势，进而打造爆款。在这个过程中，实体零售要着眼于供应链的建设与发展，在定价环节掌握更多主动权，大力建设自有品牌，突出产品的独有特色，在垂直方向进行品类开发，采用统一运营标准，实施精细化运营，扩大商品的利润空间。

极致体验：重视顾客体验与需求

零售经营者为消费者提供商品与服务，在消费者决策中，情感因素发挥着重要影响。为了在竞争中占据优势地位，企业要准确获知消费者需求。消费者需求并非一成不变的，随着时间的推移、社会经济的发展，人们的收入水平不断提高，消费需求也会发生变化。消费者需求包括三个层面：现实需求、潜在需求与个性化需求。其中，消费者当前表现出来的需求为现实需求，以内在方式存在的需求为潜在需求。

现阶段，消费市场发展到了一定程度，人们的现实需求逐渐下降，潜在需求呈现出扩大的趋势。换言之，消费者的潜在需求发展得越来越快，在消费者需求中的占比不断增加，零售经营者应该对这部分需求进行分析与把握，加大挖掘力度，开发市场发展潜力。在这方面，近年来迅速发展的运动市场、孕婴童市场就是典型代表。

在获知、把握消费者需求的过程中，零售经营者要运用自己的智慧，对市场变化保持高度敏感，发挥数据的参考作用分析目前的市场发展情况，并运用自身的智慧对市场未来的走势进行预测。从企业营销的角度来看，包括实体店及线上零售店在内的经营，都要挖掘数据资源的价值，提高数据推送的精准度，结合自身智慧对消费变化进行全面、有效的分析与把握，不断优化自身运营。

新零售应该以消费者为中心。在消费升级时代，顾客的消费方式、消费需求都发生了变化，面对激烈的市场竞争，新零售应该提高对消费体验的重视程度，通过打造优质的消费体验提高对顾客的吸引力，对其消费行为进行引导。

究竟何为顾客体验？对零售企业而言，把握消费者的本质需求，就能提供令消费者满意的购物体验。需要注意的是，消费者需要的并不是具体的商品，他们购买大米、面粉、黄瓜、苹果等商品是为了准备早餐、午餐和晚餐，购买日常生活用品是为了享受高质量、简单、愉悦的生活。消费者追求的是时尚、文化、健康和自我实现需求与社交需求。

深入分析并抓住消费者的体验需求，就能对其本质需要进行有效把握。马斯洛需求理论将人的需求划分成五个层次，从低到高依次为生存需求、安全需求、归属需求、尊重需求、自我实现。目前，国内消费者的生存需求、安全需求已经得到了满足，在此基础上，他们要追求更高层次的需求。

在这个背景下，零售企业要从消费者的本质需求出发，对其消费体验进行准确定位。在传统模式下，零售企业从自身发展考虑问题。在新零售时代，经营者应站在消费者立场，将消费者放在核心位置，对更高层次的消费需求进行分析和把握。新零售要求企业改变传统的经营模式，用以消费者为中心代替传统模式下的以自我为中心，注重打造消费场景。

与电商相比，实体零售的优势集中体现在现场体验上。店内设计、商品陈列、灯光等都会对顾客体验产生影响。良好的现场体验能够提高店铺对顾客的吸引力，促进更多的产品销售。所以，为满足消费者对购物便捷性、社交性的需求，实体零售需要改变传统的经营思维。以永辉超市、大润发为代表的实体零售在开展线上线下一体化运营的过程中积极建设特色门店，打造精品超市，为顾客提供优质的购物体验，旨在实现不同渠道的无缝对接，更好地满足顾客的消费需求。

服务体系的改善及优化能够提升门店的经营业绩，提高顾客对门店的认可度，吸引更多顾客进店，提高平均交易金额，推动门店升级。基于在不同区域开设的门店网点，实体零售可推出很多增值服务，具体包括货品代收、送货服务、洗衣、打印等。百货购物中心在发展增值服务的过程中可以体现自己的时尚化特征，推出一些特色体验项目。社区便利店在经营商品的同时，可以为顾客提供免费送货服务等，将自己打造成集众多服务于一体的生活服务中心。

目前，无论是实体零售企业还是线上电商，都以商品的物理属性为标准进行商品分类，例如，将商品分为数码产品、日配、生鲜产品等。在进行商品陈列时，同样以物理属性对商品进行分区摆放。消费者选购商品时，只能进入每个区搜寻商品，耗费大量时间与精力。导致这种情况发生的原因在于，传统的零售经营以自我为中心，未考虑消费者需求，在进行商品陈列、类别划分时没有考虑到消费场景。

在新零售时代，无论网络零售还是实体零售企业，都应该改革传统的经营模式，注重场景打造，从消费者体验的角度出发开展自身运营，以适应新零售时代的要求，满足消费者需求。

协同开放：构建新型的合作机制

零售行业在长期发展过程中已经形成固有的零售模式与商品流通模式，实体零售与线上零售企业多采用营销、促销手段来吸引消费者，不同品牌厂家、经销商、设备供应方之间缺乏有效的沟通。零售商与供应商之间，品牌企业与经销商之间存在利益冲突，彼此之间相互独立，缺乏信息共享与交流互动。

传统的零售经营方式导致企业的运营效率难以提升，资源利用率较低，品牌厂家、设备供应方、零售商与经销商都面临比较严重的成本问题，各个环节的运营都难以为继。新零售要求企业改变传统的经营方式。在新零售时代，传统的零售模式应该被彻底颠覆，零售企业应面向消费者、品牌厂家、设备供应方、经销商建立开放、分享、联合、整合的新零售模式，通过传统零售模式改革，提高行业运营效率，强化零售企业对成本的控制。

面向新时期的消费者，零售商应该改变传统以营销、促销为主的方式，改变商家与消费者之间单纯的交易关系，促使其建立长期健康、稳定的合作关系，提高关系价值。面向品牌商、设备供应方、经销商等，零售企业也要改变传统的经营模式，形成开放、分享、联合、整合的新模式，打破彼此之间的孤立状态，避免各自为战，加强各个参与主体之间的合作，促进整个行业内的联合，实现行业升级与发展，发挥彼此之间的协同效应。

构建强大的供应链管理能力，保障产品质量，持续稳定、低成本地供货，是零售企业经营管理的重要组成部分。现阶段，越来越多的零售企业开始向供应链上游延伸，根据用户需求对产品设计、生产、定价、包装、仓储、物流等进行优化完善，为消费者提供前所未有的极致的购物体验。

近两年，大商集团频繁收购海外优质供应商。2016年以来，大商集团在澳大利亚收购了布林德利庄园、格林岩石大牧场、黑金和牛牧场，其中，布林德利庄园将扮演“中转牧场”的角色，为黑金牧场和格林岩石牧场的阉牛在送往屠宰场之前提供中转服务。

目前，大商集团统采品牌超过230个，涵盖了宝洁、耐克、周大福、阿迪达斯等国际知名品牌，拥有阿玛尼10多个轻奢品牌的经营权，其自创牛肉品牌“猎人牛肉”已通过认证成为澳洲精品牛肉。通过在全球范围内整合优质的供应商资源，大商集团有效解决了跨境电商产品质量无法得到充分保障、产品供应不稳定等问题，更容易获得追求高品质生活的用户群体的信任。

新零售并未脱离零售的本质，仍要围绕人、货、场三大核心要素的重构展开，在完善供应链体系的过程中，零售企业要充分整合各种优质资源，以开放合作、共赢共享的理念与优质的供应商建立长期合作关系，共同为目标用户创造价值。

新零售整合的目标是降低成本、提高效率。新零售模式具有系统化的特点，能够建立起完善的库存体系，在减少行业成本消耗的同时，加快整体运转，带动整个行业的发展。具体来看，新零售整合可能是零售商整合商品渠道，或者品牌厂家整合渠道与零售终端，或者电商平台整合零售行业。总之，零售行业的整合是未来的主流发展趋势。现阶段，行业整合已经具备了足够的理念与技术支撑，整合者出现后，零售整合就能立即实现。

传统实体零售与电商都没有改变零售角色，交易主要围绕商家与消费者两大零售角色展开。在这种情况下，商家为了追求更高的利润回报，采取一定的营销手段尽可能让消费者购买更多商品，同时，消费者为了自身利益也会精挑细选、货比三家，商家和消费者之间难以建立信任关系，不仅降低了商品流通效率，而且提高了交易成本。

但在新零售模式中，商家和消费者之间的界限变得越发模糊，用户不仅是消费者，还是消费商，可以成为商家的合作伙伴，帮助其设计、销售商品，为商品定价。商家与消费者之间的对立关系被打破，双方互惠互利，合作共赢，公平、公正、有序地进行价值交换。商家会主动分析并满足消费者需求，消费者也会顾及商家利益，帮助其获得更高的价值。

随着盒马鲜生、超级物种、无人零售等新零售业态的落地，新零售的价值与未来发展前景得到了充分证明。新零售的出现是消费升级的必然结果，是消费者的选择。未来，随着新一代信息技术进一步发展，物流等基础设施日趋成熟，新零售的应用场景将更为丰富多元，成为满足人民日益增长的美好生活需要，促进我国经济持续稳定发展的重要推力。

打破边界：实现全渠道服务升级

在传统零售模式下，线上渠道与线下渠道的运营彼此分割。但事实上，零售本身是一个整体，线上渠道与线下渠道的区别仅在于两者分工不同，这与品牌商通过传统渠道还是KA渠道开展运营并无二致是相同的道理。在线上零售渠道与线下零售渠道之间做出选择的并非零售商，而是市场与终端消费者体。从这个角度来说，零售商不应该将线上渠道的运营与线下渠道的运营割裂开来。

线下零售商应该明白，市场需求推动了线上零售的发展，线上零售符合消费者的需求。实体店通过布局线上渠道拓展了销售空间，突破了传统货架的限制，在面临挑战的同时，也迎来了新的发展机遇。

同样，线上零售也要从零售的本质出发，积极借鉴线下零售长期发展过程中积累的优秀经验，而不是仅仅依靠先进的技术手段来谋求发展。线上电商应通过线上渠道与线下渠道的运营相结合，利用数据分析等先进技术手段把握消费者需求与偏好，通过实体店满足消费者的体验需求。

为了向数字化、智慧化方向转型，零售企业要注重内部的信息化建设与发展，采取有效措施积累用户。在这个方面，企业可以通过构建特定的消费场景，举办相关娱乐活动来吸引用户。在这个基础上，要想提高用户质量，零售企业还要获取足够的资源支持，充分发挥网络平台的优势，同时要注重供应链建设，提高供应链管理能力。

目前，已有部分零售企业在积极探索不同渠道间的融合，通过开展全渠道运营向新零售方向发展。在新零售时代，线上与线下之争迎来终结，话语权回归用户，零售商既要满足用户为了追求效率与便捷性而产生的随时随地的购买需求，又要满足用户为了确保品质与服务质量前往实体门店进行真实体验的需要。简单来说，新零售就是要开展线上线下相结合的全渠道营销。

全渠道营销并非实体商家开网店或电商企业开实体门店这么简单，需要实现线上线下一体化运营，要求零售企业在组织架构、业务流程、供应链管理等方面做出有效调整。以星巴克为例，在美国等海外市场，星巴克支持用户线上下单，线下取货；在国内市场，星巴克和阿里巴巴合作，全面对接阿里巴巴旗下的饿了么、盒马鲜生、淘宝、支付宝、天猫、口碑等新零售入口，满足用户全渠道购买需求。

再如，美国零售巨头家得宝在持续巩固自身线下优势的同时，积极布局线上渠道，为用户开发品类丰富、交互体验良好的移动购物APP，并在该APP中加入3D地图模块，为前往家得宝实体门店的用户提供导航服务。

在国内，大悦城、王府井、百果园等实体零售商都在积极布局全渠道，积极对实体门店进行数字化改造，变革运营管理模式，实现线上线下协同运营，对接用户复杂多变的购买需求。

需要注意的是，全渠道构建是一个长期的过程。传统零售企业在与互联网融合发展的过程中会面临许多阻力。同样，实体零售运营要求具备足够的资金实力，对企业的供应链建设、商品管理、日常运营均提出了一定的要求。零售企业为了弥补自身的不足，可以与第三方建立合作关系。

举例来说，很多实体零售企业都与京东达成合作关系，以布局线上渠道。京东到家在用户基础方面具备显著优势，能够为合作企业提供线上流量支持，通过店内广告位、平台优惠、向用户进行信息推送等方式帮助商家布局线上渠道，吸引更多用户，与用户建立长期合作关系。

【案例】松鼠小店：三只松鼠的线下布局

马云提出“新零售”以来，“新零售”的热度持续上升，市场上出现了很多与“新零售”有关的概念与应用，如科技赋能零售、无人货架等。但究竟什么是新零售？新零售有哪些优点？似乎没人能给出一个系统、完整的答案。在新零售探索大军中，三只松鼠是其中的一员。2018年，三只松鼠开始运营“松鼠小店”，从线上到线下，三只松鼠一直与新零售保持着密切联系。

“新零售”的定义在不断变化。在新零售诞生之初，人们的关注点是“新”，忽略了“零售”的本质，但随着无人货架从一片火热到遇冷停滞，各类线下门店一片萧条，人们开始回归理性，重新聚焦零售的本质。即新零售不只倡导形式新颖，关键在于降低成本，提高效率，增进体验。归根结底，“新”要为“零售”服务。

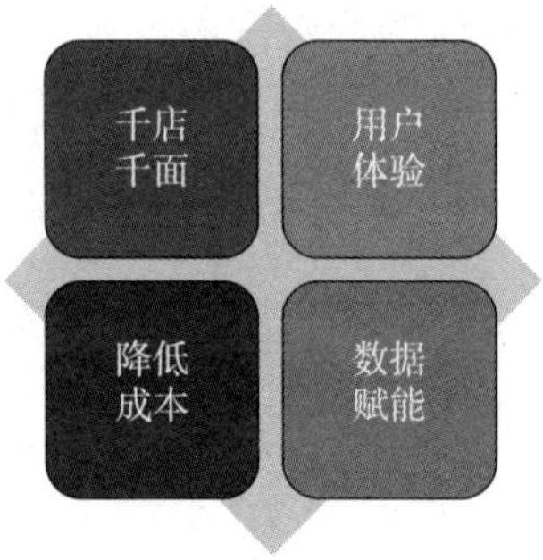

图1–9　三只松鼠的新零售运营策略

◆ 千店千面

松鼠小店自成立以来就在探索一种与传统加盟不一样的开店方式。在线下零售行业，传统加盟已经形成了一套非常成熟的理论，如果松鼠小店采用传统加盟模式开设线下店铺，不会形成任何优势。

为了避免陷入这种尴尬境地，松鼠小店推出了“联盟”模式，希望形成“三只松鼠”品牌IP与“店主个人IP”的联盟，与传统加盟区别开来。在联盟模式下，松鼠小店成为一个共生组织，每位店主都是这个组织的一员，共同参与组织协同，以一种全新的方式构建松鼠生态圈，将“共生”视为共同的信仰。

在这个联盟模式中，打造“店主个人IP”是核心，三只松鼠希望通过这种方式建立一种以情感体验为核心的商业关系。在这种想法的指导下，三只松鼠引入了“千店千面”的概念，也确实在某种程度上做到了“千店千面”。例如，每位店主都可以自行拟定个人IP名称，设计个人头像与店铺门头，甚至可以按照自己的想法，结合当地的市场环境自行设计店铺内部装潢与产品陈列，这些都体现了三只松鼠在“新”形式上的突破，成为三只松鼠线下门店独有的特色。

◆ **用户体验**

三只松鼠诞生于2012年，短短几年时间就发展为国民零售品牌。三只松鼠之所以能在短时间内取得如此高的成就，除产品本身优质外，最重要的就是体验。三只松鼠始终坚持“以用户为中心，将用户体验放在首位”，无论鼠小箱、体验包还是客服聊天，都体现了这一点。所以，三只松鼠从线上走向线下就继承了“重视用户体验”这一优良传统。

三只松鼠所有联盟店的店长都谨记“体验”二次，将“体验”做到了极致。例如，笑行店长将每一位“主人”的生日记录在本子上，“主人”生日当天在微信群为其送上生日祝福；大山店长会在每天营业结束之后询问“主人”是否需要顺路带点儿东西，如麻辣烫、矿泉水等，变身免费的外卖员。除此之外，为了带给顾客更优质的体验，松鼠小店店内还设置了体验专区，创造了一种“新”的经营模式。

◆ **降低成本**

松鼠小店致力于打造个性IP，所以建店成本比较高。在最初内测的时候，为了寻找性价比更高的设计空间与道具，三只松鼠自费装修了4家店铺。经过测试，三只松鼠发现装修一家精美的松鼠小店，费用大概在10万元左右。

在装修过程中，为了帮店主节约装修费用，小店团队一直扮演“谈判高手”与各方供应商谈判。采购部门的员工努力寻找性价比最高的供应商，设计部门力求通过改良设计、寻找可替代建材，在保证装修质量的前提下降低装修成本。在整个过程中，三只松鼠不会赚取1分钱差价。因为廉政文化建设，所以三只松鼠在这方面表现得非常自信。

另外，为了降低店主的进货成本与进货门槛，三只松鼠提出了“0加盟费、0保证金”的口号，希望借此降低店主的进货压力，消除压货风险。

总而言之，为了践行“让天下没有难开的零食店”这一理念，三只松鼠想方设法帮助联盟店主降低成本。

◆ **数据赋能**

为了给联盟店长与顾客提供更优质的服务，三只松鼠开始对产品进行数字化改造。首先，为了方便联盟店主采购货物，三只松鼠开发了“松鼠小店APP”，不设采货门槛，降低了店长的采购压力。其次，三只松鼠建立了“达尔文系统”，联盟店长可以利用该系统自行设置商品的零售价格，设置会员小程序，为用户发放优惠券，真正实现自主经营。再次，三只松鼠开发了松鼠小店会员小程序，让店长可以更好地为会员服务，通过小程序自行设置店铺背景、店铺活动与店铺优惠券等。最后，三只松鼠在授权范围内开放小店数据，让联盟店长可以利用这些数据更好地开展经营活动。

CHAPTER 2

"智能+"：赋能传统零售转型升级

2.1 大数据：驱动实体零售的智能化转型

大数据思维：实现零售精细化运营

在新零售时代背景下，企业要想加速升级，就要重视大数据的应用，利用相关技术改革传统的营销方式，在进行大数据分析的基础上，对消费者实施精细化运营，促进转化，为企业的转型发展提供助推力量。

如今，以淘宝、天猫为代表的电商平台都具备了日益完善的用户数据体系，能够为消费者提供符合其需求的产品与服务信息。从企业的角度来分析，平台化运营的开展，一方面能够提高内容营销的针对性，另一方面能够面向企业的用户群体，采用关联、聚合等方式，通过进行数据分析，从各个方面了解用户的相关情况，打造成熟的用户服务体系，对用户的年龄、职业、消费记录、消费方式等进行统计，据此采用合适的营销方式，为其提供针对性的产品与服务。

在数据应用过程中，还要实施数据监测与相关的分析工作，明确不同营销方式的实际效果，同时还要获取消费者的反馈信息，作为企业改进自身产品、优化服务的参考依据。

近年来，各大商家纷纷推出各式各样的新零售平台业务模式，阿里的素型生活就是典型代表。这家采用“O+O”模式的线下集合店曾联手59个互联网品牌，以阿里强大的数据资源及技术应用为支撑，涉足智能家居、服饰鞋包等多个领域，打通了线上、线下渠道的产品经营，能够保持渠道间信息的统一性与准确性。

消费者可从多种购物方式中根据自己的偏好自由选择。例如，有人会在线上预选服装，然后到实体店体验上身效果，在消费环节，有人会直接在实体店购买商品，有人则会再次回到线上平台下单；在取货环节，有人习惯在门店取货，有人则会选择在家里接收快递。消费者在网上下单后，实体店可以负责近距离的商品配送，让消费者更快地收到自己购买的商品，提高其消费体验。

阿里的素型生活不仅便捷高效，还为消费者提供了轻松有趣的购物环境，在新零售快速崛起的今天，类似的体验店会逐渐出现在人们的视野中。可以说，新零售为实体店开辟了新的思路。在新零售时代下，实体店零售不会被完全取代，但其布局方式、商业模式、技术应用等都将呈现出全新的姿态。

呈蓬勃发展之势的电子商务经济拉开了新零售的大门，在这样的时代背景下，企业要依托大数据分析，利用先进的技术手段加速运转、强化成本控制、优化消费体验。商家要敢于突破传统零售思维的限制，紧跟品牌化消费的大趋势，为自身的转型升级做好充分的准备。

在新的时代背景下，快速进行的技术革新、模式转变，以及纷纷涌现在市场的新概念让许多传统企业感到困惑，在转型升级过程中无从下手，倍感压力。在这种情况下，企业需要明确自己的目的，即根据消费者需求开展运营，不断开发新用户。在打通各个渠道运营的过程中，企业经营者要从商业本质出发，重构企业的经营模式，掌握消费者的需求，据此进行商品和服务提供，并不断提升消费者的购物体验。

在向新零售转型的过程中，传统企业不仅要学习理论知识，更要在实践中落实。随着消费升级时代的到来，加上共享经济的影响，各个领域的企业都在积极探索新零售的发展途径，具体如实现线上线下一体化运营、打造柔性供应链体系、利用大数据互联网开展平台化运营等。

摆脱时空因素的束缚后，传统电商企业能够解决以往在资金周转、产品经营等方面的问题，促进产品转化，扩大销售规模，进而加速整体的运转，进一步提高产品与服务质量。今后，越来越多的企业会在新零售领域进行探索，利用大数据与互联网技术开展线上线下一体化运营，带动整个行业的转型升级。

数据化预测：精准洞察消费者需求

经过十年的发展，大数据逐渐融入人们生活的方方面面，包括社交、移动APP、无线电视、POS机、PC浏览器、个人电子钱包等。在新零售时代，人们的一举一动都能转化为数据，被记录、存储、分析、使用。初期，这些数据彼此独立，看似杂乱无章，但汇聚在一起又能得出准确且客观的结论，为商业决策提供指导，甚至还能推动商业革命。此次智能革命的导火索就是大数据，这场革命催生了新的思维模式与商业模式，拉开了一个新时代的序幕。

虽然，零售业的竞争仍聚焦在价格、成本方面，商品同质化现象严重，价格战是常态，但新一轮技术革命为零售业发展带来了新思路，零售商开始关注顾客体验与服务，寻找新的盈利点，注重提升顾客的回头率与转化率。在这一思路的影响下，传统竞争格局不断被颠覆，零售行业现有的局势被彻底打破。

根据前瞻产业研究院提供的数据：2018年，我国社会零售总额38.1万亿，同比增长9%，对经济增长贡献率达76.2%，比上年提高18.6个百分点。2019年，我国零售业将继续稳步增长。在这种形势下，随着大数据的发展及广泛应用，零售商都在寻找应用大数据的最佳途径。零售企业可利用的大数据种类极多，日志文档、交易信息、传感器数据、社交媒体指标等，这些数据的应用为其带来了新的发展机遇，帮助其在一个新领域获取新的竞争优势，实现新价值。

从深层次来看，消费者、商品、线上线下联动将产生大量数据，这些数据被记录下来，为机器学习、人工智能的发展奠定了基础。同时，零售业原有的价值创造体系将被彻底颠覆，这意味着大数据不再是简单的企业BI报表，大数据应用也不再是传统的ERP数据搜集与传输，而是发展为数据驱动、模型驱动和算法驱动，利用各种方式构建大数据智慧体系。该体系涵盖了大数据产生、收集、分析应用、指导商业决策、预警反馈等多个环节的内容，形成了一个完整的数据闭环。

零售企业进行大数据分析就是为了获知顾客需求。零售企业在对海量数据进行结构化分析的基础上，利用人工智能、机器学习、数学建模等技术与方法对消费者需求进行预测，并做出相关决策，开展更多业务创新，优化顾客体验，创造更多交易，将大数据潜藏的能量与价值充分释放出来。

大数据预测就是为了给消费者提供更精准、更优质的服务，为了保证预测结果的准确性，零售商必须与消费者持续互动。一方面，通过这种互动，消费者会产生更优质的数据；另一方面，产品与服务可持续迭代、优化，消费者可以选择最适合自己的产品和服务，零售商可降低成本，提高利润。

零售企业要将大数据视为自己的核心资产，充分利用大数据。事实上，零售企业可以利用的数据非常多，如CRM顾客数据、社交媒体粉丝数据、供应商数据、企业运营数据、行业数据、天气数据等。在新零售时代，零售企业必须做好数据整合，将大数据资产结构化，做好数据分析，全面挖掘大数据的价值，将其转化为用户价值、企业价值、社会价值。

数据化分析：降低企业的运营成本

◆ 顾客行为数据分析

为了在激烈的市场竞争中突围，几乎所有的零售企业都在试图提高客户转化率，通过发布个性化广告提高营收，降低顾客流失率及获客成本，要想做到这一点，零售企业必须开展深层次的数据驱动型洞察。但目前，顾客与零售企业的互动点越来越多，如移动设备、电商网站、社交媒体、门店等，数据类型不断增多，数据分析难度越来越高。

但是，只要零售企业对这些数据做出分析，就能获得高价值的信息，如对于企业或店铺来说，哪些顾客的价值最高？他们的消费动力是什么？行为模式是什么样的？选择什么时机与他们互动取得的效果最好？获得这些信息之后，零售企业不仅能获得更多顾客，还能切实提升顾客忠诚度。

零售企业要想挖掘顾客行为数据中潜藏的价值，必须开展数据工程。所以，零售企业可以同时对所有结构化、非结构化的数据进行汇总、分析，获取所需的信息，从而提高顾客的获取率，降低获客成本，并提高顾客的忠诚度。

图2-1　大数据分析在零售企业中的应用

◆ 顾客消费数据分析

目前，在购物方面，顾客掌握的便利条件越来越多，可以根据获取的信息判断购物是否便利，进而做出决策。与此同时，顾客对零售企业的期望也越来越高，期望零售企业为他们提供线上线下相一致的信息，期望享受全渠道无缝购物体验。在这个阶段，顾客体验质量在提升顾客保留率、增加销售额方面发挥着至关重要的作用。所以，零售企业必须做好顾客数据分析，全面了解每位顾客的跨渠道购物历程。

在大数据工程技术的支持下，零售商可以将结构化数据与非结构化数据整合在一起，将其视为单一的数据集进行分析，从而获取不同类型的数据。根据数据分析结果，零售企业可以获取高价值的信息，创新零售模式，获取仅凭传统分析手段无法获取的结果。例如，顾客购物的每个阶段发生了什么？与顾客互动的最佳方式与时机是什么？等等。

◆ 企业运营数据分析

随着产品的生命周期越来越短，再加上产品的运营活动日渐复杂，零售商开始利用大数据对供应链及产品分销体系进行分解，以降低运营成本。对于零售企业来说，优化资产利用、提升服务质量、制定科学预算等方面的压力越来越大，所以，获取竞争优势，提高经营业绩就变得格外重要。

零售企业要想通过数据工程平台提高运营效率，就必须发现日志、传感器、机器数据中隐藏的信息，这些信息包括消费趋势、消费模式、消费异常情况等。零售企业可以利用这些信息改进购物决策，改善运营过程，降低运营成本。

对于零售企业来说，可以获得高价值数据资产的媒介有很多，如服务器、电网基础设施、顾客持有的设备、产品日志、工厂设备等，只不过这些媒介产生的数据比较分散，而且大多是非结构化数据，数据收集、分析都比较困难，而且数据量增长速度极快，数据本身也比较复杂，半结构化数据、非结构化数据经常交叉存在。

在快速发展、竞争激烈的市场上，零售企业要想保持核心竞争力，必须进行一系列创新，主动利用新数据，对这些数据进行深入挖掘，获取高价值信息，为企业决策、运营提供有效的支持与助力。

数据化营销：有效提升顾客转化率

在新零售时代，零售商要对大数据的商业价值进行充分挖掘，借此提高商品的转化率。亚马逊等互联网企业成功的关键不是向消费者提供信息，而是帮消费者决策，为消费者下一步行为提供帮助。在全渠道购物时代，消费者往往会从一个渠道开始购物，跳跃多个渠道，最终在另一个渠道结束购物。例如，消费者可能在网店浏览商品、下单付款，然后在线下提货，或者消费者可能在线下商店浏览商品，在线上下单付款，等待货物配送上门。

无论如何，消费者的购物活动都会留下大量信息，这些不同类型的数据相互交融。零售商要想利用这些数据，必须先将数据结构化，进行大数据挖掘，然后才能有针对性地为消费者提供促销信息与购买建议，让消费者享受全渠道购物体验，与消费者建立情感连接。

同时，除电商企业、互联网公司之外的企业也可以利用大数据研发产品、开发服务。零售商每天都会获取大量消费者交易数据，可通过对这些数据进行分析获知消费者的关注点，创新业务、产品、服务与商业模式，拓展一个新的消费市场。

在传统销售模式下，消费者决策很难被捕捉、衡量。但随着互联网电商的发展，一种新的购物模式出现：消费者先在线下实体店体验，然后再前往线上商城下单、购买。这样一来，零售商就能利用行为追踪技术对消费者购物行为进行分析，对销售策略进行衡量。为了做到这一点，零售企业必须对这些消费者数据进行深入分析，从而对销售策略进行优化。同时，零售企业还要为消费者定制个性化的购物体验，及时采取行动，帮助消费者做出购买决策，提升企业的销售额。

通过对POS机系统和店内传感器获取的数据进行分析，全渠道零售商可以做到以下几点：

（1）根据不同营销策略对客户行为的影响进行衡量。

（2）根据顾客历史购买记录与浏览记录明确顾客需求，为顾客定制购物体验。

（3）对顾客在店铺内的购买行为进行监测，及时采取行动，帮助顾客完成购买，或引导顾客通过线上渠道购买，以达成交易。

零售企业要想在提高获客率的同时降低成本，必须开展定向促销。为了做到这一点，零售企业必须全方位了解顾客，尽可能准确地获取顾客需求。

一直以来，零售企业收集到的顾客信息只是交易发生的地理数据。但近年来，顾客与商家的互动率大幅提升，与交易行为相比，互动行为要多出很多，而这些互动多发生在社交媒体等渠道上。所以，零售商要对这些在互动过程中产生的数据进行有效利用，对其中潜藏的价值进行深入挖掘，将其转换为宝贵的顾客信息。

零售企业将顾客的个人资料、购物记录及其在社交网站上的行为相结合，往往会有出人意料的发现。例如，某零售企业发现很多高价值顾客都喜欢收看美食节目，而且经常在全食超市购物。之后，零售企业就可以在与烹饪相关的节目中或食品店内投放广告，实现广告的精准投放。这样一来，这家零售店的获客率会有大幅提升，获客成本也会显著下降。

数据化运营：制定科学合理的决策

进入大数据智能时代之后，零售企业获得了一种全新的管理方式与决策方式，零售企业的决策者需要习惯进行数据驱动实验与测试，对重要项目进行小规模的实验进行验证，从而制定出更科学、更合理的决策。

其实，这就是依据企业经营决策的原理与方法，利用计算机特有的功能及仿真技术，针对供应链中的随机因素，借助各种约束条件构建供应链场景模型。然后根据随机因素的分布，以真实的供应链管理情景为参照，通过反复计算，对各种动态经营决策进行模拟，创建一个真实的业务场景，进行管理决策与模拟演练，为经营者决策提供支持。

例如，零售企业利用大数据仿真实验室，借助仿真模型对不同地区、不同消费社群的不同促销方案进行研究，获取投入回报率最高的方案。通过对供应链中真实情景进行全真模拟，对各种决策结果进行预测，提高决策的准确性。

零售企业通过数据开放与共享和各种社交媒体、跨界合作伙伴建立联盟，与供应商、银行、第三方电商平台与软件开发商形成数据合作，明确数据标准，确立应用程序调用接口，保证数据质量。零售企业掌握着很多消费者数据、库存数据与销售数据，可将大数据成果定期与品牌商分享。

例如，零售商引入“智能补货”系统，可使门店断货现象大幅减少，使供应链库存水平显著下降，使整条供应链与零售生态系统的投资回报率大幅提升，从而获得更高的商业价值。同时，零售商还能对消费者数据潜藏的价值进行充分挖掘，与广告商合作，提高广告投放的精准性，开展精准营销等。

在大数据、人工智能时代，虽然每家公司都能从数据中受益，但不是每家公司都有数据科学或机器智能专家，在这种情况下，第三方服务就有了广阔的发展空间。未来，大数据、人工智能会成为水电一般的基础资源，由专门的企业提供服务。

现阶段，新一轮变革正在酝酿，零售企业必须引入“大数据智能体系”，研发新产品，拓展新业务。为此，那些想在这轮数据经济变革中崭露头角的公司必须重新对大数据资产的价值与作用进行审视，认真考虑如何利用大数据创造更高的价值，重构企业核心竞争力，推动企业开始新一轮的业务升级、能力升级与岗位升级。

【案例】名创优品：数据驱动业务闭环

大数据产生于互联网时代，同时也推动了互联网时代的发展。国际数据公司（IDC）的研究显示，近几年，企业的结构化数据在以年复合增长率逾20%的速度增长，非结构化数据在以年复合增长率约60%的速度快速增长，远快于摩尔定律。与此同时，全球约64%的企业正在开展数字化转型，致力于打造全方位的客户体验、灵活高效的业务流程、智慧化的产品与服务，而这一切都建立在大数据的基础之上。

在这种形势下，零售品牌、零售企业要如何利用大数据呢？在“互联网+”时代，对于零售企业来说，大数据生成与应用既是挑战，也是机遇。下面以日本快时尚设计师品牌名创优品为例，对大数据在零售行业的应用进行探析。

名创优品成立于2013年，起初，名创优品的运营模式受到了来自媒体、行业协会及其他企业的质疑。主要原因在于，2013年正值互联网电商发展的黄金期，实体零售店迎来了“关门潮”。在这种形势下，很多人都不相信名创优品的逆流之举会成功。

名创优品用真实的数据打破了这种质疑。目前，名创优品已经和美国、加拿大、俄罗斯、新加坡、阿联酋、韩国、马来西亚、中国等80多个国家和地区达成战略合作，在全球开设了3500多家店铺，平均每个月新开店铺80～100家。2018年，名创优品营收突破25亿美元。名创优品之所以能在短时间内打破质疑，顺利地推进全球化战略，在很大程度上得益于大数据战略。

名创优品将自己积累的数据与合作方提供的数据全权委托给国际知名的大数据挖掘团队，这些数据包括客户数据、客户行为数据、市场销售数据、社交媒体数据、供应链数据、物流数据，等等。之后，名创优品利用数据处理结果对订单处理、产品设计与制造、终端零售、原料处理等环节进行优化，不断降低产品成本，持续优化产品价格。

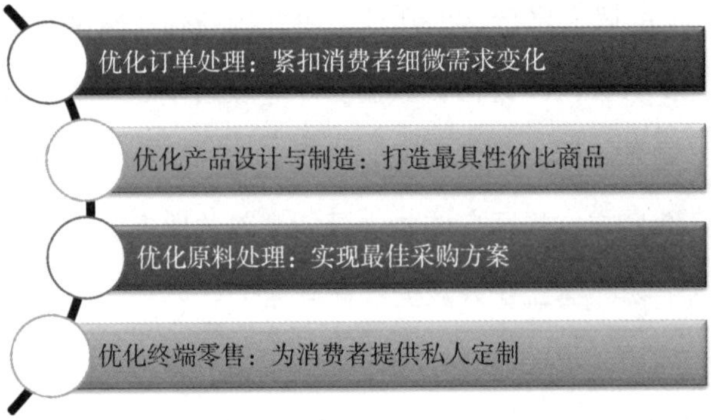

图2-2　数据驱动名创优品业务闭环

◆ 优化订单处理：紧扣消费者细微需求变化

消费者需求在不断变化，企业要想实现可持续发展，就必须把握这种变化。在工业2.0或工业3.0时代，为了更好地把握消费者不断变化的需求，企业会聘请专门的市场调研公司进行抽样调研。但受各种因素的影响，这种抽样调研取得的结果比较片面，无法全面把握消费者需求，更无法获知消费者在细微需求方面的变化。

进入互联网时代以来，零售行业的数据量骤增。企业只要对这些数据进行充分利用，就能把握消费者细微需求方面的变化。正是因为认识到了这一点，名创优品成立了大数据处理部门，通过挖掘消费者数据把握消费者需求，对消费者需求进行预测。

◆ 优化产品设计与制造：打造最具性价比商品

在获取了消费者细微需求方面的变化之后，名创优品会将这些数据汇聚到日本总部的设计中心，让设计师根据这些数据设计出契合消费者需求的产品，然后将设计成果分发到各国市场，选择优质的制造商组织生产。借助大数据，设计师足不出户就能获知用户的最新需求，使产品的研发周期、制造周期大幅缩短，将名创优品真正打造成一个快时尚品牌。

◆ **优化原料处理：实现最佳采购方案**

获取价格低、质量好的原料，不仅可以保证供应商的竞争力，还能让供应商更好地盈利。那么，供应商如何寻找质优价廉的原料呢？唯一的方法就是在期货市场占据领先优势，率先获取议价权。为了做到这一点，名创优品利用大数据技术预制全球产品相关原料动态，与对市场需求变化的备注相结合，生产大量优质低价的原料。

◆ **优化终端零售：为消费者提供私人定制**

名创优品利用大数据带来的技术红利，保证货架上陈列的每件商品都符合消费者需求，而且凭借高质量、高效率、高科技的产品带给消费者低成本、低毛利、低价格的购买体验。在名创优品的营销体系中，终端零售广告问题得以根除，节省了大量广告费用，再加上价格方面的让利，让消费者享受到了超出预期的购买体验，从而形成了良好的口碑传播效应。

名创优品之所以能成为零售行业的佼佼者，受到消费者的热烈追捧，就是因为名创优品先天带有互联网基因，其中，大数据功不可没。

2.2　物联网：搭建智能互联零售解决方案

智能互联：物联网优化门店运营

近年来，互联网领域出现了一个新词汇——产业互联网，它描述的是企业如何利用最先进的技术打通数字世界与实体世界，提高经营效率，实现持续创新。这里的先进技术包括大数据、移动技术、云计算以及其他技术。预计到2030年，产业互联网与物联网设备结合至少可创造14万亿美元的收入。

面对日渐复杂的供应链，越发重要的数字化渠道，不断升级的消费需求，借助物联网设备与产品，零售商有望优化运营。例如，美国Cantaloupe Systems自动售货机管理公司，其核心业务是管理分布在全美的10万台零食与饮料售货机，公司CEO的重要职责是保证这些售货机不会出现货物短缺。为了提高操作人员的工作效率，公司试图说服他们使用软件对售卖机进行管理，结果以失败告终。之后，该公司的CEO请教了一家云计算公司，决定将售货机联网，让工作人员远程监管这些机器，一旦机器发生货物短缺、温度失常、商品被盗窃等情况，工作人员可以立即知晓，管理问题迎刃而解。

另外，借助数据可视化技术，员工可对产品在供应链的流转过程进行跟踪，实时定位产品位置。当然，客户也能享受这一服务。例如，客户提交订单后可实时查询订单状态，是处于生产过程还是处于分销过程，等等。

利用智能价格标签，店长可对商品定价进行实时调整，降低促销产品或周转速度较慢的产品的价格，提高需求量大的产品的价格。借助于完全整合的定价系统，零售商可统一商品在各个渠道的价格，保证同一款产品在实体店铺与网上商城的价格一致。

零售企业还可将其他物联网设备整合到供应链中，改善门店运营情况，降低运营成本。例如，零售店可以引入基于物联网的传感器，实时监控店内的温度及照明情况，实时调整，为顾客营造一个舒适的店内环境，同时节约能源，开展低碳经营。另外，传感器还能将人工调整转变为自动调整，如对商品库存进行跟踪，对个别商品的价格进行调整，将工作人员从烦琐的日常工作中解放出来，让其有更多时间与顾客交流，提升顾客的购物体验，与顾客建立更加紧密的联系。

借助物联网，零售商不仅可以开辟新的收入来源，还能创建新的销售渠道。例如，零售商针对新兴的"联网家庭"开发一些高利润产品，获取了一个全新的收入来源，收入实现了大幅增长。

近年来，家用电器、家庭安全与舒适用品、健康保健产品逐渐进入物联网生态系统，成为其中的一部分。这类产品的零售商不仅可以销售产品，还能利用所得数据渗透到每个购买产品的家庭中。通过这种方式，一些零售商逐渐成为一个集成平台，将互联产品的优势充分发挥出来，这些平台存在的目的就是帮消费者让他们的家用设备相互连接。

例如，美国劳氏公司启动Iris平台，这是一个智能家居中枢，可以和所有使用Wi-Fi、ZigBee或Z-Wave等技术的设备建立连接，进行通信。Iris平台的接口是开放式的，制造商可以将自己的产品连接到该平台。启动Iris平台之后，劳氏公司与AT&T和Verizon等电信服务提供商成为竞争对手。同时，该平台的启动为劳氏公司带来与制造商合作的新契机，劳氏公司可借助这个平台将制造商的商品集成到该平台。除Iris平台之外，美国家得宝的Wink和史泰博的Connect也有相似的功能。

其他业态的零售商也可以创建这种平台，或与这些平台建立连接，如食品类零售商等。通过互联平台，零售商可以多一个渠道了解消费者。这类平台可生成消费者数据库，覆盖消费者水电使用、消费趋势、家庭情况等方方面面的信息，为零售商开展精准的商品研发与生产提供依据。或者，零售商可以将互联平台与现有的电商渠道结合在一起为消费者提供新的服务。例如，零售商可以通过追踪商品的保质期实时更换商品。

技术应用：新零售的核心驱动力

根据思科的研究结果，零售行业48%的流程都可以被人工智能取代，实现无人化。因为新零售涉及的核心技术比较多，这些技术的成熟度存在较大差异，在推动新零售发展方面表现出来的作用也各不相同，其在新零售领域的应用具体分析如下：

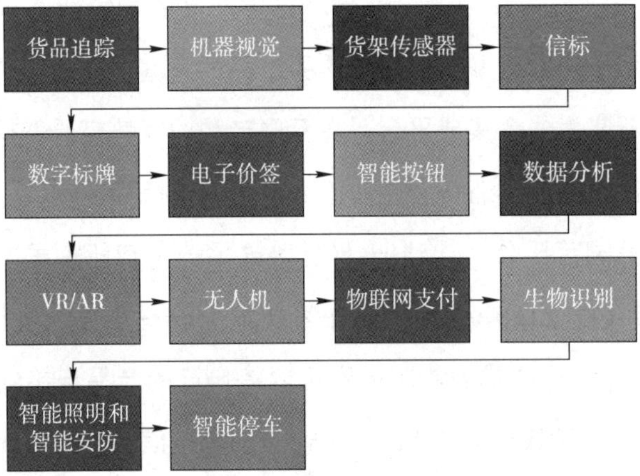

图2-3 新零售背后的智能技术

（1）货品追踪。零售商可以通过引进RFID、NFC和各类传感器，对货品进行实时跟踪，从而优化库存管理，节约成本，减少损失。据调查，在引入RFID技术之前，库存管理的准确率只有63%；在引入RFID技术之后，库存管理的准确率提高到了95%～99%，库存节约了80%，库存成本降低了10%。

（2）机器视觉。在新零售领域，机器视觉技术有很多应用。例如，引入机器视觉技术之后，任何智能手机或平板电脑都能拥有物体识别功能。用户在超市购物不用再等待收银员扫描结账，可直接使用智能手机结算付款。

（3）货架传感器。货架传感器可对产品状态进行实时感知，哪些产品被顾客取走之后又被放回，哪些商品被顾客带走等。货架传感器将收集到的数据发送给制造商，可以指导制造商优化商品设计与包装，促使商品销售额持续增长。

（4）信标。信标可以帮助消费者快速定位想要购买的商品，节省寻找商品的时间。同时，信标还能通过蓝牙与顾客的智能手机交互，有针对性地为顾客发送店铺优惠，提高顾客的客单价。

（5）数字标牌。数字标牌是一个全新的媒体概念，可以在特定的时间、特定的场所为特定的人群播放广告。在一些西方国家，人们将数字标牌视为与纸媒、电台、电视、因特网并列的"第五媒体"。

（6）电子价签。电子价签是一种电子显示装置，具有信息收发功能，主要在超市、便利店、药房等场所应用，用来显示商品价格。电子货架标签通过互联网与商场的计算机数据库相连，通过屏幕展示最新的商品信息，保证收银台与货架上显示的商品价格一致。

（7）智能按钮。亚马逊和京东等互联网公司推出了智能Dash按钮，该设备支持Wi-Fi，可自动为消费者下单，补充缺货商品。

（8）数据分析。对于新零售来说，数据分析是核心，整个过程包含两大环节：第一，利用传感器收集数据；第二，利用分析软件对这些数据进行分析，对日常业务进行改进。根据Zebra Technologies的研究，近80%的零售商计划通过数据分析优化商品价格，预防损失；75%的零售商使用数据分析对产品销量进行预测。

（9）VR/AR。目前，已有一些公司推出了虚拟试穿服务，这一服务就建立在AR技术基础之上。在这个方面，Topshop和彪马是先行者，顾客可在店内试穿最新款衣服，然后拍照，在社交网络分享。

（10）无人机。无人机的应用场景非常多。例如，沃尔玛的新专利，支持无人机在商场内穿梭飞行，帮顾客寻找所需的商品，节省顾客的购物时间，提升顾客的购物体验。

（11）物联网支付。物联网支付可颠覆整个零售业态，它的实现需要对多种新型技术进行集成应用。

（12）生物识别。生物识别技术可用来验证用户身份，可在不知不觉中根据用户的身体特征完成身份验证，在此期间，用户无须刻意站直，面向摄像头。

（13）智能照明和智能安防。智能家居中的门磁传感器、红外传感器可对超市、商场的灯光、门禁、温度、湿度等因素进行联动调节，为顾客打造一个舒适的购物环境，在带给顾客更优质的购物体验的同时，实现节能减排，节省运营成本。

（14）智能停车。对于实体零售企业来说，停车场是非常重要的用户入口。目前，布局智能停车场的零售企业越来越多，他们希望借此帮助用户解决停车难问题。

零售企业如何布局物联网战略？

零售企业推行物联网战略，拥抱物联网并非易事。如何将新设备接入原有的IT基础设施是困扰首席信息官（CIO）的一大难题。但零售企业不能因此犹豫不决，应当机立断，立即采取行动，在物联网应用方面占尽先机，为之后的物联网应用奠定基础。具体来看，零售企业应从两个层面着手培养新的能力。

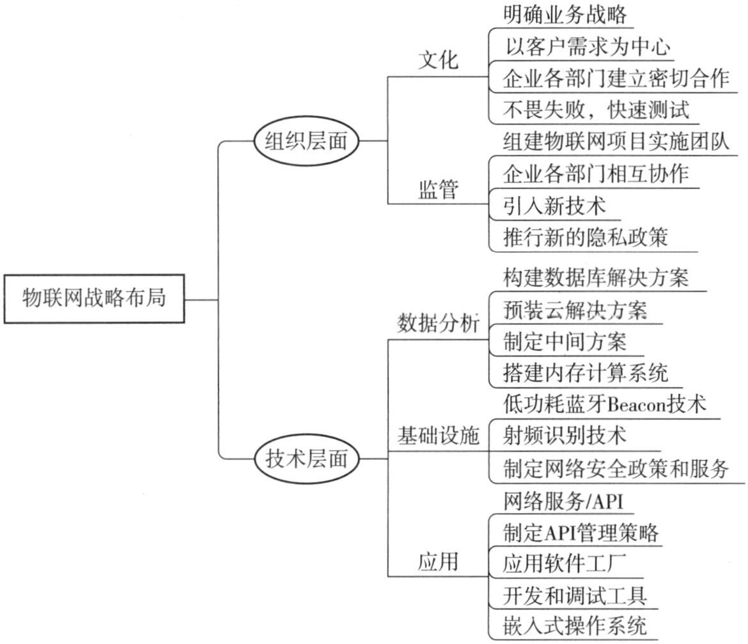

图2-4 零售企业的物联网战略布局

◆ 组织层面

零售企业要想推进物联网战略，必须确保公司内部的组织结构、人才组成、治理方案、企业文化有利于物联网战略的推进。同时，企业领导者必须抓住机遇，利用技术，促使IT与业务之间建立稳定的合作关系，创造新理念、新方案。

具体来看，为了保证物联网战略成功落地，零售企业要对以下组织要素进行重构。

（1）文化

★明确业务战略，保证业务战略与在物联网基础上构建的解决方案相一致。

★以客户需求为中心，明确物联网战略推进产生的影响与潜在利益之间确定优先顺序的方法。

★企业的IT部门与运营部门、市场部门、供应链部门等企业利益相关方建立密切合作关系，先考虑企业需求，然后再设计基于物联网的解决方案。

★为了制定科学、合理的物联网解决方案，零售企业要不畏失败，快速测试。

（2）监管

★为了更好地推进物联网战略，零售企业各部门要打破各自为政的局面，从IT部门、市场部门、运营部门、供应链部门抽调人员，组建物联网项目实施团队。

★零售企业各部门要减少资源方面的冲突与竞争，相互协作。

★零售企业引入新技术，加快物联网新功能的部署。

★监管部门要推行新的隐私政策，重构企业与消费者、消费者数据之间的关系，明确消费者数据在真实世界的互动方式。

◆ **技术层面**

物联网战略能否顺利落地，零售企业的技术能力基础发挥着至关重要的作用。为了强化自己的技术能力基础，企业的IT团队要在大数据、店内技术基础、面向客户的应用软件、数据分析等领域持续发力，利用物联网设备产生的数据巩固连接与安全基础，为物联网创新提供强有力的支持与助力。

具体来看，零售企业要想成功推行物联网战略，必须具备以下基础技术能力。

（1）数据分析

★保证现有仓库具备兼容性，构建数据库解决方案。

★预装专有数据管理与支持物联网分析的云解决方案。

★制定中间解决方案，进行数据交换，以提升实时查询与分析的速度。

★搭建内存计算系统。

（2）基础设施

★引入低功耗蓝牙Beacon技术，在消费者进门后即对消费者进行识别，向已注册的消费者推送信息，对未注册的设备进行回应。

★配备射频识别技术进行库存管理。

★制定网络安全政策和服务，确保客户数据的安全。

（3）应用

★网络服务/API，明晰设备发送信息、接收信息和处理信息的方式。

★制定API管理策略，提高企业API监控与可见性能力。

★应用软件工厂。

★开发和调试工具。

★嵌入式操作系统。

目前，物联网应用处于初级阶段，但零售企业对物联网的部署却体现了一种趋势，即一些近代的数字技术被迅速采纳，从互联网、移动技术到电子商务、社会媒体都证实了这一点。面对快速变化的客户需求及激烈的行业竞争，零售企业要在物联网应用方面投入比其他技术更多的人力、物力与精力。

在激烈的市场竞争中，率先推进物联网战略的企业一定会取得领先优势，将更快地通过物联网增加收入、降低成本，形成差异化的品牌体验。对于零售企业来说，物联网势必将颠覆其传统的运营模式。

【案例】零售体验店的物联网解决方案

物联网对零售行业的影响最早是通过RFID技术体现出来的。RFID应用于供应链管理，从物流运输、商品识别、库存管理等方面打造了一个整体的供应链管理方案，提高了供应链管理效率，降低了仓储成本。除此之外，移动支付技术在零售领域的应用简化了线下支付流程，成为连接线上线下的新渠道。iBeacon等室内定位技术为精准营销奠定了基础，满足了顾客对个性化促销的需求。

不知不觉间，物联网从一种后台辅助技术延伸到了整个零售行业，承担了越来越多的工作，提高了整个行业的运营效率。融合了iBeacon、移动支付等技术的解决方案也逐渐成为线下实体零售店与线上对接，获取用户的重要手段。

◆ **盒马鲜生：搭建完整的物联网闭环**

盒马鲜生是第一家支付宝会员生鲜实体店，不支持现金付款，消费者只能使用支付宝或盒马APP扫码结算。通过这种支付模式，盒马鲜生利用二维码创建了一个强制性的数据上传渠道，获取了大量用户数据。因为扫描二维码就是在接收用户的数据信号。之后，盒马鲜生将积累的用户数据上传到数据分析平台，利用数据分析平台对数据进行处理，将处理结果传送到盒马鲜生与支付宝，在零售前台环节创建一个物联网闭环。

生鲜食品、日用百货的消费频次较高，基于此，盒马鲜生可以获得较高频次的流量。同时，盒马鲜生推出了短距离的外卖配送服务，进一步扩大了服务范围。再加上阿里巴巴的线上引流，盒马鲜生线下门店的用户量在一段时间内实现了快速增长，迅速积累了海量用户数据，为大数据分析提供了充足的数据资源。

在物流管理方面，物联网技术在盒马整个微链系统实现了深度应用。为了方便拣货员分区拣货，盒马鲜生门店中的每件商品都附加了电子标签，SKU、商品价格、商品库存、促销等数据都实现了线上线下同步。在射频分区拣货的过程中，拣货员使用移动终端对商品的电子标签进行扫描，从而完成商品分拣。

经过扫码的商品迅速传送到后台，进行合单派送。最后，打包好的商品派发给配送人员，由配送人员进行配送，整个过程耗时不超过10分钟。在整个过程中，物联网电子标签发挥着至关重要的作用，是效率提升的关键。

◆ Amazon Go：物联网技术贯穿全体验流程

2016年12月5日，Amazon Go正式上线，这个革命性的线下实体商店利用计算机视觉、深度学习及传感器融合等技术，跳过收银台排队结账的收银环节，颠覆了传统超市、便利店的运营模式。

在Amazon Go，物联网传感技术实现了充分应用。顾客利用手机APP扫码进店，进店的瞬间，入口处安放的摄像机会对顾客进行人脸识别。当顾客在货架前停下脚步时，摄像头就会对顾客取放商品的行为进行记录，货架上的摄像头会通过手势进行辅助识别。

同时，Amazon Go安装的麦克风会根据声音对顾客的位置进行判断，据此绘制店内地图。货架上安装的红外线传感器、压力感应装置、荷载传感器会对顾客取走的商品、取走又放回的商品进行记录，并将数据传送到后台的信息处理中心。最后，顾客离开店铺时，出口处的传感器会对商品进行扫描，结合后台数据进行确认，自动结算。

Amazon Go在店内布设了大量物联网传感器，利用人工智能算法执行传统零售店中店员的种种工作，如导购、结账等。在这种零售模式下，不仅顾客的购物流程得以简化，购物体验得以提升，整个零售店铺的运营效率也得以大幅提升。

Amazon从各个层面将物联网技术引入线下实体零售，不仅提高了线下实体店铺的收益，还采集了更多线下消费者数据。例如，Amazon Go利用摄像头、红外线传感器对顾客行为数据进行收集，通过数据分析获取顾客的购物偏好，从而有针对性地为顾客推送一些商品与信息；利用麦克风绘制店内地图，获知“爆款”商品，从而优化库存管理；利用支付系统收集用户的消费数据，为金融增值服务提供依据。

从盒马鲜生到Amazon Go，在这个过程中，物联网商业模式从“青涩”到“成熟”，为其他企业利用物联网打造新零售提供了有益借鉴。

未来，随着物联网技术成本不断下降，物联网传感设备的应用成本也将不断下降，甚至会低于人工成本。同时，物联网的应用将使实体零售店铺的运营效率得以切实提升；低功耗通信技术在零售行业的渗透将使整个消费场景进一步扩大，使传感器覆盖范围进一步拓展。

2.3 VR/AR：虚拟技术与实体零售的融合

VR/AR技术与新零售模式的探索

近年来，无论是在媒体领域还是在资本领域，处于变革阶段的新零售与快速崛起的VR技术都吸引了众多的目光。在新的时代背景下，一些购物中心、实体连锁零售企业开始进行变革，但对于如何实现VR与新零售的结合，多数企业尚未探索出成熟的模式。

新零售是对传统模式下“人、货、场”的颠覆。在进行转型的过程中，商家可以从实体店、电商平台、物流等渠道进行数据收集，根据数据分析结果了解消费者的相关信息，据此向消费者提供符合其需求的商品，达到产品销售的目的。这种商业模式能够将线上、线下渠道的运营结合起来，已经得到了许多企业及商家的青睐。

除此之外，实体与虚拟之间的无缝对接，也能够为新零售的发展提供助推力量。要想实现“实”“虚”之间的对接，就要发挥虚拟现实技术、增强现实技术的作用。具体而言，商家可利用虚拟现实技术为消费者打造类似于真实商场的模拟化场景，让消费者可以在“商场”中挑选自己喜欢的商品，并随时查看商品的生产地、原料成分，还可进行虚拟试穿体验，在下单之后，足不出户就能拿到自己心仪的商品。

相较于传统电商购物，VR购物拥有诸多优势。例如，传统模式下的产品展示多采用图片方式，VR技术的应用则能够实现三维立体展示，更好地满足消费者的体验需求。即便如此，当前的消费者依然更倾向于在实体店或电商平台购买商品。

如今，以eBay、阿里为代表的实力型电商平台都在VR购物领域展开了布局，以凤凰光学、掌握科技为代表的前沿企业积极促进VR购物对先进技术的应用；针对企业在设计3D商店、3D购物中心过程中遇到的问题，以inVRsion为代表的海外公司推出了新型的应用软件。总体来看，现阶段与VR购物相关的许多技术尚未进入实际应用阶段，VR购物在发展过程中还存在许多阻力。

从技术角度来分析，现阶段，企业主要采用虚拟现实技术与增强现实技术相结合的方式来发展VR购物，也就是把三维模型与实际场景放到一起，再用技术工具进行渲染。然而，当下的AR技术在数据获取、图像设计方面仍然存在许多不足，具体包括只能模仿单一感觉、交互性有限、清晰度较低等。相关企业仍然要在技术领域进行更加深入的探索，才能找到解决用户持续使用VR设备后身体不适、消费者无法体验商品材质、商家无法有效1∶1还原商品等诸多问题。

当前最迫切的工作是促进AR、VR技术的发展，让普通用户也能够获得优质的购物体验。当购物领域对VR技术的应用从初期的探索阶段进入成熟阶段时，新零售自然就能将“实”与“虚”连接起来。

聚焦于VR技术研发的企业普遍面临运营成本居高不下的问题，即企业在研发环节需要投入大量成本，但最终获得的收益比较有限。在这种情况下，这些企业怎样克服盈利难题？

要想促进VR购物的普及，就要大力发展VR技术。从目前的情况来看，相较于虚拟购物支付，企业在品牌建设、品牌形象打造方面应用VR技术的难度更低一些。对于VR技术在零售连锁百货经营中的应用，企业要从战略层面制定长期的发展规划。

在VR前期变现方面，很多企业推出了面向用户的线下体验馆。进入2016年后，人们在许多商业中心、购物广场都能看到VR体验馆的身影，这种体验馆向用户提供的多为游戏类体验服务，在VR购物方面鲜有涉及。

目前，以劳氏、宜家为代表的海外零售企业正积极探索VR技术在品牌建设方面的应用，将虚拟现实技术应用到房型设计中，并允许消费者选择自己喜欢的颜色，根据实际尺寸进行房型设计，为消费者打造个性化的家居场景。通过在品牌建设中应用VR技术，零售企业能够为后期在VR购物领域的布局打下基础，并促进“VR新零售”概念的广泛传播，提高消费者的认知水平。

在“VR新零售”时代到来的今天，已经有部分百货企业采取了行动，通过与VR科技企业合作，共同进行商业模式创新，致力于将实体业务、虚拟业务的运营结合起来，对整个消费流程进行改革与优化，不断提升人们的购物体验。

国内VR购物模式的现状与发展

美国在线零售商eBay联手澳大利亚零售商Myer，于2016年打造出世界上第一个虚拟现实百货商店。进店体验的顾客利用“eBay视觉搜索”功能，能够自由选择店内推出的上万种商品，在看重其中的某款商品后，只需注视几秒钟，就能将其添加到购物车里，仿佛自己正推着购物车在大商场中进行实地浏览。eBay 2018财年第四季度的财务报告显示，平台活跃买家已经增加到1.79亿。

海外知名线上零售平台eBay率先在VR购物领域展开布局，利用先进的虚拟现实技术进行市场开发，并已进入实际应用阶段。国内在VR购物商城领域的探索情况如何？未来会呈现出怎样的发展趋势？在具体发展过程中，零售企业应该实施怎样的调整与改革呢？

如今，国内企业也在VR购物领域进行了探索。阿里巴巴推出了淘宝“Buy+”，展开VR购物运营。尽管如此，受到技术水平及资金方面的限制，阿里巴巴的淘宝“Buy+”与其推广视频中呈现的概念场景尚存在明显差距，需要在未来发展过程不断加以完善。

早在2016年，暴风魔镜与悦海购也在VR购物领域展开布局，致力于在跨境电商领域发挥虚拟现实技术的作用，为海外购物消费者提供优质的服务，利用先进技术促进该领域的发展。暴风魔镜与悦海购通过达成深度的战略合作关系，积极探索VR购物，推动了零售企业对这种新型模式的实践与发展。

阿里巴巴的入局，将有效带动我国在VR购物领域的发展。尽管当前还无法准确预测未来VR购物的具体走向，但毫无疑问的是，未来，VR在电商行业的发展过程中将发挥十分重要的作用。

传统购物方式满足了人们对便捷性消费的需求，能够为消费者提供性价比较高的商品，其痛点在于，商品展示方式以图片为主，无法满足消费者的体验需求。具体来说，消费者在线上平台购买衣服时，无法准确判断衣服的尺寸及具体的上身效果。相较之下，VR购物能够击破传统购物方式的痛点，真正实现“所看即所得”，减少消费者的顾虑。

在VR购物领域的布局，能够促使零售企业改革传统的经营方式，摆脱物理因素的束缚，为消费者打造虚拟的店铺消费场景。从长远发展来看，商家可通过发展VR购物延伸互动性橱窗，还能借助移动终端、蓝牙等设备，以及地理定位技术，与消费者展开更加多元化的互动，进一步满足消费者的体验需求。

立足于消费者的角度进行分析，VR购物打造的场景，能够让消费者通过视觉、触觉等感官对商品质量、材质等进行体验，了解商品的真实尺寸，确保他们最终能够买到适合自己的商品，提高其时间、精力及资金的利用率。与此同时，消费者还能在VR购物场景中逛街，一边浏览，一边挑选自己喜欢的商品。这种方式能够有效地刺激消费者的消费需求。

此外，在布局VR购物的过程中，企业会对传统商业模式进行改革，为自身发展创造更多的机遇。从电商平台发展的角度来分析，这种改革能够提高企业对客户资源的利用率。以阿里巴巴为例，淘宝平台聚集了大规模的用户资源，平台在此基础上推出VR购物商场，将促使更多用户做出消费决策。

现阶段，企业要推出VR购物平台并不容易。以家居零售企业为例，在设计VR购物商场时，企业要用3D建模方式对商品进行处理，再通过购物平台呈现这些数据，这要求企业具备足够的数据、平台运营能力。也就是说，企业本身需具备较强的资金实力。一件普通沙发在建模环节的投资为500元左右，如果沙发本身制作复杂，建模成本也会提高，商家则需投入更多的资金。

立足于技术层面，若企业应用VR技术可以有效提升用户体验，则能够实现对用户潜在需求的挖掘，减少对线下相关商业的发展带来的不利影响。若企业无法借助VR技术的应用满足消费者的体验需求，导致很多消费者不认可VR线上购物，则会使线下相关商业的发展面临更多挑战。

如今，国外的VR购物已经获得了初步发展，并获得了众多消费者的认可。随着VR技术的发展与进步，我国也在VR购物领域进行了一系列探索。在技术发展的驱动作用下，VR购物相较传统网络购物的优势会更加突出，或许能够成为未来的主流购物方式。

企业如何布局“VR/AR+零售”？

在传统购物模式下，两人一起逛街挑选商品时，可以在店里对产品的质量进行现场检验。但如果这两个人相距较远，无法相约一起逛街，且他们居住的地方附近未开设实体店时，就无法通过传统购物模式来满足消费需求了。

如今，零售商可采用AR、VR技术颠覆传统的购物方式。例如，消费者不用去实体店就能试穿衣服。有些家具企业推出了AR/VR预订服务，能够根据消费者的需求为其提供定制化家具产品。借助先进的技术工具，企业能够满足消费者的个性化需求，为消费者提供更加优质的体验服务。可见，通过对VR与AR技术的结合应用，零售企业有望革新思维方式，探索出新的发展道路。

有意在VR应用方面进行探索的零售企业，在制定战略规划时应该重点考虑几个问题：

（1）零售企业要在VR和AR中做出选择。VR能够打造虚拟的世界，要求用户佩戴相关设备或使用控制器参与体验。AR是让用户在真实世界中观看虚拟影像，用户可使用平板电脑或手机来进行体验。

尽管VR的应用能够提升用户的体验，但其具体应用也面临许多挑战。如今，即便是在自己家里，除娱乐游戏之外，消费者也不习惯参与其他

VR体验内容。在AR应用方面比较成功的是*Pokemon Go*游戏产品，这是由于用户只要使用手机就能进行操作，而无须需使用其他设备。

（2）零售企业要选择VR/AR使用的场景是店内还是其他地方。从短期发展角度来看，店内与店外的环境差别还是很大的。如果是在店内，零售商需要在传统消费环境中利用AR/VR技术满足消费者的体验需求。如果是在店外，零售商就要采用不同的方式进行场景设计与打造。以往经营网点的商家可以尝试推出3D频道，在线上平台搭建虚拟商店。

一方面，企业在应用AR/VR开展零售运营的过程中，要对核心顾客进行统一管理，并做好财务预算、时间预算方面的工作。经营者要明白，AR与VR的优势在于，能够为消费者提供个性化的体验服务。例如，消费者站在使用VR技术的虚拟化妆镜前，就能看到自己使用某妆品之后的妆容，而无须需在化妆柜台进行现场上妆之后才能看到效果。

另一方面，为了拉近品牌与顾客之间的距离，企业可以创建价值提议。在具体实施过程中，当用户参与AR和VR互动时，需要通过价值提议来理解该产品通过什么方式来满足他们的需求。例如，体育运动品零售商在向顾客推荐店内新出的运动器械时，可运用虚拟实验方式来突出表现这款产品与其他同类产品的差异化优势，提高产品对顾客的吸引力。

除此之外，企业还选择适当的商业模式。为了保证自己能够从AR/VR的应用中获益，可以提前确立一个金融目标，以此标准进行价值判断，利用科技手段为顾客提供服务。

近年来，VR与AR科技领域聚集了众多投资者。2018年VR/AR行业数据报告显示，该领域2018年的全球融资总额达212亿元，未来这个数字还会持续增加，其中很多投资项目集中在AR新零售行业中。在这种形势下，零售企业不应该再持观望的态度，而是要及时反应，明确AR和VR的应用场景，选择恰当的应用方法，避免错失良机。

【案例】VR实验室：阿里布局VR购物模式

阿里巴巴于2016年3月创办VR实验室，在实施VR战略的过程中，借助自身的平台优势重点进行内容打造与硬件开发，在VR购物领域展开布局。

究竟何为“VR购物”？从微观角度来分析，以3D视频方式向消费者进行的商品展示即为VR购物；从宏观角度来分析，阿里的VR购物布局是在搭建一个完整的生态体系，旨在为消费者一站式服务，全方位地满足消费者在购物、社交、娱乐方面的需求。未来，在虚拟现实及相关技术发展的推动作用下，阿里的生态体系建设将逐步趋于完善。

创办VR实验室后，阿里就开始着手实施“造物神”计划，与平台上的商家进行合作，共同打造3D商品库，搭建虚拟购物场景，此为阿里VR购物平台建设中的第一个环节。在这个基础上，阿里会利用VR技术推出面向所有消费者的沉浸式体验服务，让消费者能够随时随地置身于海外知名的高档商业界，即刻便可“穿梭时空”。

成为一个商业帝国是阿里的终极目标。传统模式下的“商业帝国”是对阿里总体发展规模的形象化描述。在VR时代，这个“商业帝国”除了代表阿里的规模之外，还表示阿里将依托其平台优势构建一个开元的虚拟商业帝国。在具体建设过程中，阿里将采用1：1的比例对所有商品进行3D建模。

用户使用VR设备，就能开启虚拟商业帝国的大门。在体验过程中，用户可以看到虚拟世界的入口，入口处既有法国的香榭丽舍大街，也有美国的纽约第五大道，还有国内知名的购物街、商场。用户可根据自己的喜好选择其中的某个程序，边逛边买，如同在实地购物。

以往，为了买到国外奢侈品牌推出的新品，很多国内消费者不惜去海外排队等待。在阿里巴巴打造的商业帝国中，消费者使用VR设备，就能进入虚拟香榭丽舍大街，近距离观看每个店铺、每个货架上陈列的商品，未来，消费者还可以戴上VR手套去感受商品的质地。除商品、店铺之外，虚拟商业帝国还还原了街上的建筑物细节，能够让消费者沉浸其中。

之所以采用开元方式来建造，是因为虚拟商业帝国的规模非常庞大，阿里巴巴无法依靠自身力量完成所有开发工作。其总体规模可能远远超出人们的想象，因为除了知名购物街、商业场所、百货商超，国内国外、世界各地的商业场景都可以加入其中，有兴趣的程序设计人员也可以作为开发者，为这个商业帝国的构建贡献自己的一份力量。

在开元模式下，阿里可能先打造几个主要的场景，然后就出台相关的建设标准，将剩下的开发工作交给其他公司和专业的设计人员来完成。除还原现实场景之外，技术能力高超的设计者还可以打造历史场景，如唐朝、宋朝的京都大街；或者以地方性的小镇为主题进行场景开发，让那些在大城市打拼的年轻人也能够随时体验熟悉的故乡景象。

当前的淘宝、天猫是国内消费者选择的主流购物平台，在阿里的虚拟商业帝国中，这两个平台只是坐落于某条购物街上的两个超市，除此之外，还有很多类似的商业场景。由此可见，这个商业帝国的规模非常庞大，将容纳众多店铺、商业街，其开发空间是无限的。

不过，目前阿里在VR购物领域的探索还处于初级阶段，很多场景还只能存在于人们的现实中。尽管如此，VR技术的应用已经得到了商业领域的重视，很多实力型企业已经在这方面展开了激烈的竞争。VR购物的未来发展，有赖于各行各业的积极参与，以及先进技术的强力助推。

CHAPTER 3

自我迭变：新零售环境下的进阶方向

3.1 数字化：技术驱动下的零售蜕变之路

数字化时代的“第四次零售革命”

2017年7月10日，刘强东在《财经》杂志发表了一篇名为《第四次零售革命》的文章，表示以互联网电商为基础，零售业将掀起第四次革命，人们将进入智能商业时代。在这篇文章中，刘强东对零售业第四次革命的方向做了具体阐述，认为继百货商店、连锁商店、超级市场之后，零售业将迎来第四次革命，基础设施将持续迭代，一味地注重成本、效率、体验的价值创造与获取方式将持续改变。

事实上，从本质上来看，“第四次零售革命”就是传统零售业的数字化转型。传统零售业的数字化转型就是利用数字化的方式与方法改变零售业的运营模式，让其从非信息化方式转变为统一的数字化融合，打破信息孤岛。政府大力推行的“互联网+”就是数字化转型的通俗说法。

引入数字化管理与运营方式之后，传统行业原有的运行规则将被彻底打破，零售行业也是如此。随着数字化转型全面推进，行业过去的游戏规则将被彻底颠覆。

传统零售行业存在“知货不知人”的问题，零售商了解自己经营的商品，知晓市场的整体需求，但不了解前来购物的消费者，无法对消费者做出准确识别，不知道这个顾客是否曾经来店购物，如果顾客在本店有过购物经历，他上次来店消费时间、消费金额是多少？在传统零售企业的经营模式下，这些信息都无从得知。

从20世纪80年代开始，零售行业开始大力推行顾客忠诚度计划，商家可识别顾客，记录顾客的消费行为，甚至可以对顾客的消费行为进行分析。但只做到这些显然远远不够，因为通过顾客识别与消费行为记录，商家只能掌握消费者的购物清单，无法获得顾客在购物过程中产生的信息，如顾客到店时间，进店入口，经过了哪些货架，在货物前面停留的时间，试吃试用的产品种类，将哪些商品放入购物车又放回货架等。

顾客在货架间的穿行行为无从捕捉，只能在结账时获知顾客准确的时空信息，除此之外的信息商家毫无所得。在这种方式下，如果顾客进店之后没有消费，甚至顾客购物时没有出示常客卡，商家就无法对顾客做出准确识别。

在这方面，电子商务所做所得比线下实体零售店要多很多。无论用户是否在网站注册了账户，其浏览器都会被置入cookie，网站可借此对顾客进行跟踪识别。顾客通过点击搜索引擎链接进入网站也好，通过广告导流进入网站也罢，或者直接输入网站网址进入，商家都能做出精准区分。

除此之外，商家还能知晓用户进入网站之后的行为，如先访问主页还是先浏览产品目录，在产品描述页面停留时间，是否播放了产品介绍视频等。另外，商家还能对顾客的付款详情、送货地址、客户终止购物活动的跳出页面等信息进行分类统计。

进入移动互联网时代之后，手机APP更方便了商家采集顾客信息。在移动购物环境下，顾客的所有购物行为都可以实现数字化，购物前的比价行为，收到货物之后的产品展示等都能被商家获悉，商家可通过收集这些信息构建一个数据库。在互联网环境下诞生的电商本身就是数字化结构，可发现、收集顾客的一切信息。

零售革命就是要让线下实体零售商和线上电商一样具备读取消费者数据的能力。对于未来的零售业革命来说，线下实体零售商构建数字化能力是第一步。可以试想一下这样的购物场景：顾客一踏进门店，店铺的摄像头就对顾客身份做出了准确识别，开始对顾客在店铺内的活动轨迹进行跟踪。在顾客第三次进店拿起某件商品犹豫不决时，货架上的交互显示屏或交互试衣镜就会弹出一定的折扣额度，鼓励顾客做出购物决策。如果系统发现顾客在某个货架前的平均停留时间缩短，就会提醒商家对货架上的商品进行调整。

这样的线下零售店就和线上电商平台一样实现了数字化，可以收集顾客在购物过程中源源不断地产生的数字化信息，并支持商家对购物信息进行分析，以增进对顾客的了解，构建一致化的顾客体验，最终在商家与顾客交互过程中掌握主动权。

第四次零售革命就是改变零售行业的基础设施，让其变得可塑化、协同化、智能化，尽快迈进无界零售时代，其核心基础就是利用数字化技术对传统的线下零售进行改造，赋予其数字化能力，最终构建一个线上线下融为一体的数字化体验平台。

Amazon Go、阿里无人商店都践行了这一理念，“无人”只是表象，全面深入的数字化能力才是内核。顾客扫码进店其实就是店铺对顾客信息的识别，摄像头人脸识别、顾客取货购物车自动更新就是对顾客在店内的活动轨迹进行跟踪，顾客结束购物通过脸部识别结算就是利用生物识别技术对顾客进行识别。相较数字化能力的构建，无人商店节省的人工成本根本不值一提。

对于零售企业而言，要想在第四次零售革命浪潮中生存、发展，必须用数字化方式对现有的业务模式进行改造，只有这样才能更好地应对天生具有数字化基因的线上电商的竞争。

借助数字化手段提升消费者体验

在新零售时代，零售企业要进一步降低运营成本，提高产品质量并加速自身运营。只有这样，线上线下零售企业才能适应外部市场环境、技术环境的变化，提高生产力，进而带动整个行业的发展。这是新零售为线上线下零售企业带来的机遇，也是新零售在现阶段的发展过程中面临的主要挑战。

为了应对挑战，许多零售企业纷纷向数字化方向转型。零售企业“数字化”是指，企业综合运用移动互联网技术、智能识别技术、大数据统计与分析技术等，通过场景营造提高自身经营与管理的数字化水平，制定统一的经营管理流程与标准规范，以此为前提完善企业的管理体系，提高企业管理的信息化、数字化水平，在后续发展过程中不断进行体系优化。

在消费升级时代，人们的消费需求呈现出许多新特点，消费习惯及消费偏好也发生了变化，促使零售业不得不转型升级。在这个过程中，数字化成为零售企业创新发展的有效途径，身处新时代背景下的部分零售商已经率先进行了数字化改革。

在我国零售业发展过程中，信息化、数字化发挥着重要的推动作用，能够促使企业生产更加优质的产品和服务，通过搭建合理的场景向数字零售化方向转型。在传统模式下，商品价格是消费者关注的核心要素，商家的促销活动会吸引大批消费者参与，相比之下，消费者对便捷性的要求并不高。目前，消费者，特别是年轻一代的消费者提高了对消费体验的重视程度，很多消费者还养成了在网络平台进行信息分享与传播的习惯。

随着越来越多的消费者开始注重消费体验，零售企业必须改革传统的消费场景，满足人们的体验需求。为此，商家要采取有效措施对消费者需求进行精准把握。例如，商家可在商品包装上印刷专属二维码，方便消费者通过手机终端以扫码的方式查询商品信息，并将其引流到线上平台，通过这种方式对消费者进行统一管理，获取消费者的相关信息，并进行深度的数据处理与分析，据此了解消费者的需求，提高营销服务的针对性。

举例来说，有的消费者在店内没有找到自己喜欢的商品颜色，或者认为商品的价格偏高，或偏爱同类商品的其他款式。商场可以根据他们的需求，在举办优惠活动、推出新产品时向其发送提示信息。

受经济增长速度下降、电商行业快速发展的影响，实体零售企业普遍存在产品销售困难、利润空间压缩、对消费者吸引力下降等问题。在寻求发展的过程中，许多传统零售企业选择数字化升级，但在转型过程中，相当一部分零售企业缺少用户支持，缺少线上营销工具，无法独立完成商品配送。为了解决这些问题，企业应该着眼于自身，进行相应的调整与改革。

以王府井集团为例，该公司在2016年底改革了内部组成结构，将电商企业、全渠道项目组、市场部的运营融为一体，组建全渠道中心。凭借在长期发展过程中积累的优势，门店经营及全渠道经营都能增加企业营收，但在具体实施过程中，门店还要根据不同的渠道特点开展运营活动。例如，王府井集团拥有种类齐全的商品，但在线上渠道开展运营时，多样化的商品反而会增加消费者的搜索成本。在开展全渠道运营的同时，王府井着力解决自身经营发展过程中存在的不足，促进用户转化、刺激消费，并注重内容方面的建设与发展。

现阶段，商家与消费者之间的交易、商品物流配送以及相关的金融服务都已经发生了变化，并对传统零售企业的发展产生了深刻影响。对实体商业而言，租金成本在其总体成本中占据了很大比重。近年来，随着互联网、移动互联网乃至物联网的高速发展与普遍应用，连接的价值越来越突出。

在传统模式下，商家与消费者之间仅限于单纯的买卖关系，交易结束后，双方之间的关系不再持续。目前，商家在将商品销售出去之后，还会与消费者展开后续的互动，从中获知消费的需求，消费者也会向商家反馈一些信息。

需要注意的是，零售企业不应将数字化局限在采用先进技术与设备上。具体来说，零售企业使用自动收款技术、推出移动端应用并不意味着该企业实现了数字化升级。在向数字化转型的过程中，企业需要利用移动互联、大数据等先进技术分析整个经济社会及其所属行业的发展现状与未来走向，认清企业当前经营管理中存在的不足，并制定有效的解决方案，完善相关标准体系，对现有流程进行彻底改革。

借此，零售企业能够用数字化方式代替人工劳作，提高运营效率，实现成本节约，生产出更加优质的产品。简单来说，数字化就是人与机器之间的对决，在开发计算智能的基础上，利用自动化、数字化取代传统的人工操作。

现阶段，零售企业应该充分认识到计算机智能化的价值，不断拓宽其在经济领域的应用范围。分析零售业当下的发展需求及其未来的发展走向可知，数字化应用在零售业发展的各个阶段都能发挥积极的推动作用。具体体现在，在连锁零售企业发展的过程中，计算机技术起到了重要的支撑作用，连锁零售企业正是依靠快速发展的计算机技术实现了快速的市场扩张。

在上一轮技术革命中，零售企业利用计算机技术实施流程改革，优化了企业管理，实现了自动化记账，并且实现了更好地发展。现阶段，零售企业将进一步开发计算机的数字化价值，利用移动互联网等先进技术手段，促进零售企业向数字化方向发展，在原有基础上实现跨越式发展。

实现数字化零售转型的技术路径

零售业发展至今，该行业企业在经营与管理过程中依然存在不足，在后续发展过程中面临很多阻力。举例来说，在店铺选址环节，多数管理者依然凭借主观经验进行决策，最多的是根据相关数据调查结果，结合自己的经验做出决策。在日常经营过程中，零售企业主要依靠自己的经验选择商品。

此外，零售企业在经营过程中还面临许多问题。例如，零售企业要根据消费者的体验需求建立相应的场景，营造特定的消费环境，为此，企业要对消费者的体验消费需求进行充分把握，二者就要用到智能技术。另外，无论线下实体经营还是线上运营，对于如何提高消费者的复购率，企业需要综合考虑多方面的因素，无法通过传统方式制定有效的方案。如果企业在经营管理中固守传统，就很容易出现成本消耗大、决策制定缺乏有效参考乃至决策失误等问题，难以提高运营效率。

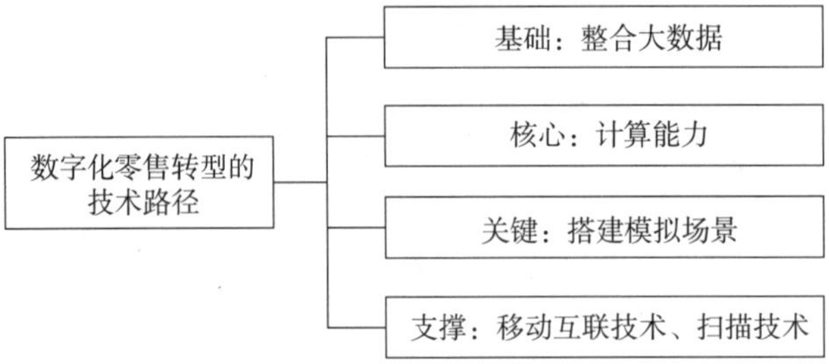

图3-1　数字化零售转型的技术路径

◆ 基础：整合大数据

数字化零售的发展以大数据的应用为前提，换句话说，缺少大数据的支撑，数字化零售的发展就无以为继。现阶段，智能移动终端、智能识别、互联技术的高速发展及应用，为零售企业提供了丰富的数据资源。但这些数据缺乏集中性，价值得不到有效利用。要想开发数据的价值，就要找出数据之间的联系，为此，零售企业要利用计算机技术，结合人脑的规划进行数据整合，对数据资源潜藏的价值进行发掘和利用。

未来，大数据将成为零售企业的核心资产，数据价值的开发将有效推动企业发展，数据资源的整合及应用将成为企业间竞争的焦点。

◆ 核心：计算能力

现阶段，零售企业在产品采购、销售、存储等环节都用到了计算机技术，数字化零售也要利用计算机技术的计算能力来优化其流程管理。为此，企业要在场景搭建、消费者需求把握等环节发挥计算机的作用，通过利用计算机系统化的技术结构、完善语言系统等方式来提高整体的运行效率。

◆ 关键：搭建模拟场景

在人与机器的对决中，最终获胜的究竟是人还是机器？毫无疑问，获胜者是人。因为没有人，就没有机器体现出来的多样化功能。零售企业在数字化转型的过程中，要注重场景的营造，根据自身经营管理发展需求建设相应的场景。

在具体实施过程中，企业要充分了解自身的发展现状，清楚地认识到企业在经营管理过程中存在的不足，与此同时，企业还要实时关注社会经济、技术及零售行业的发展趋势。此外，零售企业管理者应该革新思维，以创新化的方式为企业发展开辟道路。在业务规划过程中，零售企业可以通过对业务项目进行细化处理，将其划分成最小的业务单元，对每个单元进行针对性的设计，从而提高整体的运营效果。

◆ **支撑：移动互联技术、扫描技术**

数字化零售的发展有赖于移动互联技术、扫描技术的支撑。换言之，如果没有移动互联技术、扫描技术，企业就无法实现向智能零售的转型升级。通过运用移动技术、扫描技术，企业能够将“人、货、场”打通，加强与其他企业之间的合作关系，拉近与消费者之间的距离，实现个性化的信息推送与商品营销。

数字化技术在零售企业中的应用

◆ **物联网+零售**

推进物联网技术在零售领域的应用是发展全渠道的必由之路。未来，物联网将成为一种基础设施，深刻改变人们的生产生活。根据高盛研究发布的数据，目前，已经有120亿件物品接入了物联网网络，预计到2020年，这一数字将会增长至300亿件。未来，不能接入物联网的商家将失去生存空间。

数据驱动是物联网的一大特性，如果零售企业只是接入物联网，不对数据进行搜集、分析及利用，很难获得预期的价值。以伊利集团为例，早在2011年，伊利便引进了基于物联网技术的产品追踪系统来提高产品管理能力，确保产品品质。在物联网技术的支持下，伊利所有商品都被赋予了唯一编码，在产品流通各环节扫描该编码就能获知产品批次，对产品进行溯源。借助这种方式，代理商和零售商为了一己私利而恶意降价，转卖折扣产品等问题均能得到有效解决。根据伊利官方的统计数据，引入该系统后，零售企业窜货、恶性竞争等事件明显减少，平均每年能够节省数百万美元的成本支出。

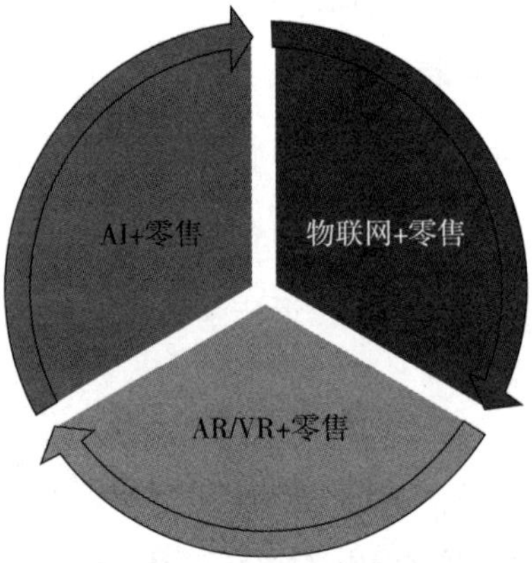

图3-2　数字化技术在零售企业的应用

◆ AR/VR+零售

AR/VR技术在零售领域的应用，使用户能够获得的信息显著增加，对帮助用户制定更为科学合理的消费决策具有十分积极的影响。同时，AR/VR技术能够创造虚拟场景，刺激用户产生冲动购买，开展口碑传播。

AR/VR技术可以帮助零售企业对设计生产、包装物流、门店装修、产品陈列、营销推广、售后服务等环节进行优化完善，尤其是在营销推广环节。试想这样一个场景，当羽绒服零售商向用户介绍产品的保暖性能时，为用户创建了一个寒冷的下雪天，甚至可以让用户在这个虚拟的场景中和朋友堆雪人、打雪仗、滑雪等，对刺激用户购买的积极影响显而易见。

将AR/VR技术应用到产品开发环节，还可以帮助企业降低开发成本，催生更多创意与灵感等。例如，医学专家可以在AR/VR技术构建的虚拟场景中进行实验，开发新药物；房屋设计师可以在虚拟空间中不计成本地将创意发挥到极致，从而设计出在现实场景中无法创造出来的优秀作品。

◆ **AI+零售**

天气会对门店销售业绩产生怎样的影响？某位用户购买产品的概率有多大？新品适合与哪些产品关联销售？等等。想要找到这些问题的答案，仅调用传统经验与销售知识远远不够，但AI技术的出现与应用却能为这些问题提供有效的解决方案。AI和大数据、云计算等技术结合后，在商业领域的价值创造能力将难以估量，如催生出智能制造机器人、配送无人车、人工智能客服等设备，帮企业提高运营效率，节约人工成本。

2017年10月，京东宣布在上海建成全球首个全流程无人仓，也是全球首个实现规范化应用的全流程无人物流中心，总建筑面积4万平方米，通过三种不同型号的六轴机械臂机器人完成入库装箱、拣货、码垛、分拣机器人供包等作业，不仅帮助京东提高了物流效率、降低了作业成本，还将对整个零售及物流行业产生巨大影响。

人工智能中的人脸识别技术也能为零售企业的日常运营带来诸多便利，最为典型的应用就是帮助商家全方位获取顾客信息，绘制立体化的用户画像。目前，人脸识别产品在零售业务中的应用方式与目的有两种：一是应用在超市、商场、门店等入口位置，对客流量、顾客构成等信息进行统计分析；二是在货架、柜台等顾客选购商品区域应用，对顾客停留时间、购买习惯等进行统计分析。

借助人脸识别产品，商家可以筛选出高价值的顾客群体，有针对性地为顾客提供产品与服务，进而提高购买率与客单价，获得更高的利润回报。以深圳见福便利店仙岳店为例，进入该便利店，顾客就能看到一台实时显示顾客形象的大屏电视机，进入门店的顾客的面部信息会被录入人脸识别系统，该系统会对顾客的年龄、兴趣爱好等进行预测。同时，屏幕还提供顾客实时表情符号并搭配开心、严肃等文字，用来显示顾客的情绪变化。

该人脸识别系统由微软公司提供，第一年投入达千万元。见福便利店董事长表示，未来会扩大投资，投入上亿元促使门店内的人脸识别系统不断完善。

3.2 场景化：新零售时代的场景连接变革

场景互动：提供全新的购物体验

零售是一种为终端消费者服务的业态。现阶段，从销售商品转变为销售服务乃至用户解决方案，是零售业的主流发展趋势，是交易权回归用户时代的必然选择，也是和用户建立长期信任关系的重要保障。

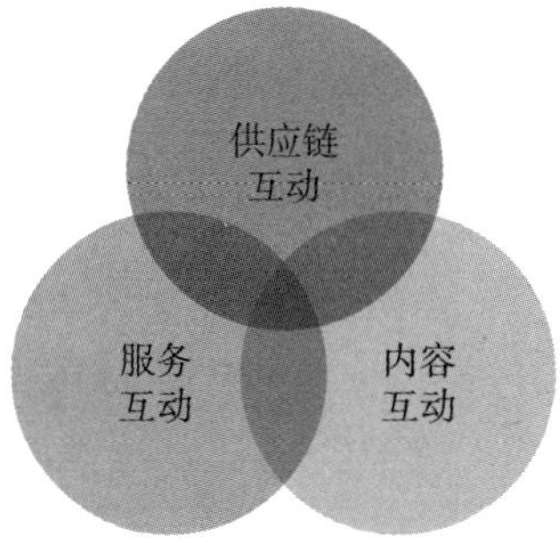

图3–3　场景互动的三大策略

◆ **供应链互动**

精准获取用户需求，实现供应链的及时响应。在这方面，我们可以借鉴快时尚品牌ZARA的经验，ZARA每年上线1.2万个新款产品，每周更新超过2次，一件产品3周内即可从设计到上架。高效、时尚、性价比、良好的购物体验，让ZARA在全球范围内沉淀了海量忠实粉丝。

为了强化成本优势，ZARA尽可能地缩减快速、时尚之外的成本，例如，ZARA几乎不做广告、采用“二次设计”、与小工厂合作等。极快的供应链响应速度，使ZARA可以快速响应动态变化的用户需求，源源不断地获得丰厚利润，为此，ZARA开发了RFID系统，实现了库存可视化及供应链全程追踪。

◆ **内容互动**

通过内容抢占用户心智，赋予产品某种虚拟化形象，加强情感体验。以意大利最大的连锁超市集团Coop在米兰北部Bicocca Village 商业中心开设的“未来超市”为例，该超市营业面积约1000平方米，有6000种在售商品。消费者在超市中可以获得每一种商品的详细信息，超市内安装了微软Kinect 传感器的显示屏，当消费者接近或触摸某件商品时，货架上方的显示屏将会呈现其相关信息，如来源、营养特性、是否有过敏原、烹饪建议、用户评论等。

卡罗·考特（Carlo Ratti）是该超市的设计者之一，他期望未来能够将所有商品背后的故事传递给消费者，如一个苹果来自哪棵树、使用了何种肥料、从采摘到进入超市经过了那些环节等。这种做法对提高用户购物体验，增强品牌忠实度来说十分有效。

◆ **服务互动**

基于数据分析，以C2B模式为用户提供精准、高效、富有体验的个性化定制服务。以红领集团为例，红领集团旗下的红领西服品牌为用户提供西装深度定制服务，通过建立C2M平台整合用户订单，基于大数据对西装进行定制。

用户可以将自己的个性化需求通过线上、线下渠道反馈给红领西服，线上可以通过企业官网、社交媒体公众号等渠道，线下可以通过红领西服定制体验中心等渠道。红领移动定制大巴中的3D量体仪仅需几秒便可完成对用户的量体。用户可以对面料、纽扣、刺绣、珠边设计、钉扣缝制工艺、缝衣线的颜色等进行定制，用户提交的个性化需求最终会转化为3D模型，用户可以对其进行修改。用户订单信息会被上传至平台数据库，然后由计算模型提供制作图纸，发出物料配送需求，由工厂快速组织生产并完成用户交付。

场景体验：精准匹配商品与需求

在商品日渐丰富，消费升级快速推进的情况下，对于现阶段的消费需求来说，商品的概念发生了一定改变。

★商品已经从“物”的概念转变为生活方式的需求；

★商品已经从“物”的概念转变为情感需求；

★消费者对商品的需求从买到商品转变为购买高品质、健康的商品；

★商品已经从自带对消费者的影响力转变为打造特殊影响力。

以社区生鲜超市为例，陈立平教授在对未来社区超市转型发展方向进行分析时指出，未来的社区生鲜超市要朝以下6个方向转型发展。

（1）简单的商品售卖转变为向社区居民提供生活解决方案，由价格竞争转向价值提升。

（2）从社区生鲜超市转变为“社区+小区”生鲜超市。

（3）从销售食材转变为销售多品种、少量加工食品。

（4）从单一的生鲜超市转变为集餐饮、修理、药妆、服务于一体的综合业态。

（5）借助APP实现线上与线下相融合。

（6）从简单的货物配送转变为人文关怀。

例如，盒马鲜生这种行业公认的新零售模式成功地对商品结构进行了重构。盒马鲜生线下门店的商品结构与传统的超市、便利店有很大不同，这是盒马鲜生线下门店给人留下的最深刻的印象。

在整个快消品模式亟须变革的环境下，无论是零售的价值还是零售的商品内涵，都需要重新定义，让消费者的商品体验得到了充分满足。要想做到这一点，零售企业首先要对商品结构进行重构。在这方面，盒马鲜生做出了很好的示范。

盒马模式打破了传统零售业态（如传统超市、卖场等）的品类组合原则，对商品结构进行了重构，让整个品类组合更加扁平化。盒马鲜生的经营理念不是为顾客提供一种或几种简单的商品，而是为其提供一种品质化的生活方式，为此，盒马鲜生线下门店承担了很多过去需要在家庭中完成的工作，如清洗、宰杀等，为顾客提供半成品或可以直接食用的成品，使传统零售业态的商品结构被彻底改变。

这里需要注意的是，盒马鲜生销售的这种半成品和成品不仅丰富了该类商品的品类结构，还使盒马鲜生的毛利空间得以有效拓展。另外，在经营方面，盒马鲜生还放弃了客单价的理论，为了给顾客提供极大的方便，盒马鲜生将所有的商品做成小包装，顾客可以当天买当天吃完，不会浪费。

目前，不只盒马鲜生在创造新零售模式，超级物种、小米模式、YOOYA等也在这方面努力，从商品提供者朝品质生活解决方案提供者转变，使传统的商品模式在某种程度上得以改变。未来，零售业态将被重新划分，划分标准将从商品转变为服务，以为谁服务形成新的分客层的零售业态。

同时，零售店会聚焦目标顾客，以目标顾客的全方位需求为中心为其提供包含商品与生活服务在内的完整的生活服务解决方案。在这种情况下，零售店铺变成了消费者的生活助理，成为人们日常生活中不可分割的一部分。

海量商品信息与目标顾客消费需求的匹配要以精准的场景体验为基础。在商品越来越多，消费者的购买选择越来越困难的情况下，要想激发顾客的购买动机必须构建精准的消费场景。现阶段，商家要以消费需求为基础，通过特定的场景将商品的价值与功能充分展现出来，让消费者知晓，从而刺激其购买。

这些特定的需求场景包括健康场景、社交场景、个性化场景、运动场景、学习场景、办公室场景、亲子场景、家庭场景、休闲场景等，这些场景蕴含的需求潜力与需求空间非常大。

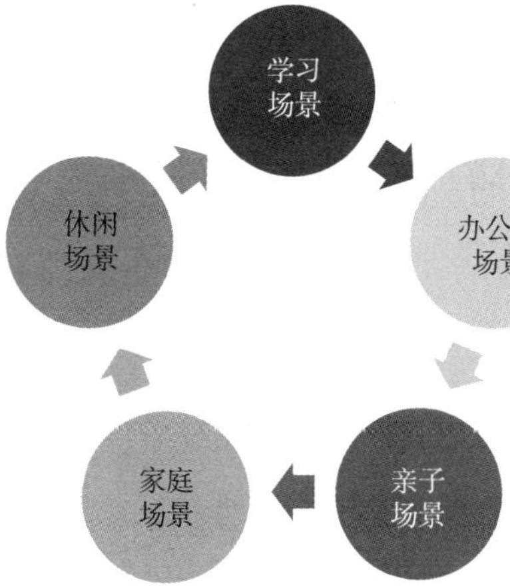

图3-4　企业重点挖掘场景

要想满足顾客的精准场景体验需求，零售企业必须对市场变化、准确的场景化展示、消费者洞察等内容进行系统掌握。要想优化消费者的场景体验，零售企业不仅要对市场变化进行全面掌握，还要对商品信息进行全面把握，将不同的商品与场景需求进行精准匹配。

要想实现精准场景体验，零售企业必须做好消费者洞察，将不同的场景需求区分开，对不同场景下消费者的潜在需求进行深入挖掘，让商品实现精准匹配。同时，零售企业要利用消费大数据、企业运营数据对消费者进行精准画像，并以此为基础对需求趋向进行详细分析，对商品需求进行合理配置，从而满足目标顾客的需求。

准确的场景表现是满足消费者场景体验的关键，也是激发消费者购买动机的重要手段。线下店铺要与顾客的购买特点相结合，对门店进行优化布局，改变传统的门店规划理念，将以商品为主题转变为以顾客生活单元为中心，创建生活单元，构建生活场景。线上零售门店要与线上特点相结合，将详情页设计从描述商品转向描述场景，使场景聚焦与场景丰富相结合，使消费者的场景体验需求得到更好的满足。

【案例】苏宁云店：实体店的场景化变革

苏宁是国内率先试水“互联网+零售”的企业之一，在布局零售O2O方面取得了良好的实践成果。作为一家传统实体零售企业，苏宁能够把握时代机遇，果断转型更难能可贵。随着新零售体系日益完善，智慧零售成为苏宁布局的一个重要领域。苏宁的智慧零售通过物联网、人工智能等先进科技，对购物场景进行改造，让用户享受智能化、人性化、个性化的极致服务。

截至2018年11月11日，苏宁零售云门店接近1700家。通过苏宁易购，苏宁旗下的零售品牌完成了线上、线下整合，包括苏宁易购云店在内的苏宁线下门店全部更换成了苏宁易购的品牌。

◆ 四大功能与用户交互

苏宁云店是苏宁践行O2O战略的先行者，承载着苏宁易购很多期望，如布局线下、服务周边社区、利用互联网与用户交流互动等。具体来看，苏宁易购云店具备四大功能，分别是协同销售、服务、体验、本地化营销，是苏宁O2O平台的重要成员，也是苏宁开展互联网营销的关键。简单来看，苏宁易购云店的特别之处就在于它不仅销售产品，还销售体验、服务与生活。

目前，很多零售企业都开始用互联网思维改造线下实体零售店，但大多是小打小闹，很少有企业像苏宁这样大刀阔斧地改革。经过此次改革，苏宁将电器产品的经营面积缩减了一半，并计划将电器经营区域改造成360° 场景式体验区，构建客厅、卧室、厨房等真实的生活场景，通过这些场景对样品进行展示。

除此之外，苏宁易购还增加了红孩子、儿童乐园、PPTV、金融、海外购、自营咖啡店等业务模块，每周展示一个新主题，不仅让消费者享受极致的购物体验，还让消费者感知苏宁易购传递出来的健康生活、时尚生活等理念。苏宁易购云店汇聚了大量实体门店没有的业务模块，如体验模块、智慧服务模块、特色零售模块、休闲娱乐模块等。

“立足于用户需求，不断优化用户体验”，不仅是苏宁易购云店的显著特点，还是苏宁易购云店与用户交互的重要手段。

◆ **无缝连接消费场景**

苏宁易购云店在深圳华强北落地的另一大举措就是将苏宁金融公司转移到线下。云店的体验模式与特色零售模块可让消费者自由地在线上场景、线下场景之间切换，引入苏宁金融之后则进一步实现了与用户消费场景的对接。以苏宁金融的“任性付”为例，该产品可在各种消费场景中使用，如出行、购物、教育培训、婚庆等，最高可支付20万元。

苏宁消费金融公司是国内第一家由民营企业出资成立的消费金融公司，其初衷是满足消费者日常消费活动较小金额的支付需求，同时为普惠金融的发展平添助力，以金融带动消费升级，让消费者真正实现“愿消费、敢消费、能消费”。苏宁金融不仅背靠南京银行、法国巴黎银行等金融集团，还坐拥2亿用户数据，可通过精准的数据分析控制贷款风险。

金融与征信密不可分。随着技术持续变革，尤其是大数据的出现，征信业务将不断改变。数据开发必须建立在用户行为分析的基础上，只有积累了充足的消费者数据，如消费者线上、线下的交易行为、消费习惯等，消费者个人信用体系才能更加完善、立体。

另外，苏宁还通过数据分析掌握了更多消费者信息，如消费者的商品偏好、行为习惯、购物决策、消费心理、消费能力、资金实力等，为消费者提供个性化产品和服务，让其享受个性化金融服务。

苏宁金融进驻线下门店打通了下游的金融授信与消费场景，让用户可以在线下体验金融服务，如申请提额、定制个人专属的金融服务等。

◆ **创造跨境电商2.0模式**

除苏宁金融之外，苏宁海外购也入驻了苏宁易购云店。苏宁海外购采用的是“自营+平台”模式，以自营为主，以平台为辅，海外直供，消费者可以使用易付宝结算。为提升配送效率，苏宁打造了一个完整的跨境物流体系。为了免除消费者的后顾之忧，让消费者享受到无忧的售后服务，苏宁为自营商品及平台所售商品提供担保，支持“七天无理由退换货”，让消费者可以更放心地购物。

苏宁易购云店设置了海外购专区，背景墙安装了显示器，滚动播放线上海外购频道的商品，每件商品都附加了产品图像和二维码，用户扫描二维码就能完成购买，当然专区内也摆放着一些实体样品。海外购专区经营的商品多种多样，包括母婴产品、美妆产品、3C产品、日用百货等，消费者可享受快速配送、海外直供、正品优选、无忧退货等多元化的服务。苏宁易购云店海外购专区的设立标志着苏宁线上海外购业务真正落地。

相较于传统电商，苏宁在布局线下实体门店方面拥有很多独特的优势，可以通过在线下云店设立海外购专区让消费者方便地购买海外商品，支持消费者扫描二维码下单，为消费者提供多种多样的海外优选正品。这种线上、线下相结合的模式解决了很多传统海外购模式存在的问题，推动跨境电商模式全面升级。

3.3 社群化：社群思维重塑传统零售模式

社群经济：传统零售进阶新路径

新零售概念的出现，打破了电商和实体零售对立的局面，使二者从对立走向统一，未来不是电商取代实体零售，也不是实体零售打败电商，而是二者相互融合，共同为消费者创造价值。新零售是对传统零售模式的颠覆式创新，打破了传统零售企业沿革多年的思维模式、管理理念。在新零售风口来临之际，对新零售的概念、内涵、模式、战略规划、实施方案等内容深入分析，对传统零售企业的转型升级具有十分重要的现实意义。

新零售强调企业和用户之间的深入沟通交流，需要线上线下相结合，需要与现代物流融合。新零售企业的经营对象不是商品，而是人，商品成为企业和消费者建立连接关系的重要媒介。在产能过剩、消费升级的背景下，各行业企业都要回归商业本质，以用户为导向，尽可能满足用户日益个性化、多元化的消费需求。

对于新零售运营来说，引流商品、经营社群、拓展服务是三个重要着力点。在这个过程中，零售企业要坚持以用户为中心，为用户创造良好的体验。其中经营社群是新零售企业经营人的核心所在，无论是电商企业还是实体零售企业，都开始重视经营社群，围绕社群开展一系列产品及服务创新。从这个角度上看，我们可以将新零售的本质理解为“传统零售+社群经济+电子商务”，也就是社群新零售。

布局新零售需要围绕用户、产品、相关服务及技术的创新落地，从用户视角出发思考并解决需求痛点，运用大数据、云计算、物联网、移动互联网等新一代信息技术对产品及服务进行不断优化调整，持续为用户创造优良体验，加强企业和用户之间的沟通交流，通过对用户的社群化运营，将其转化为企业的忠实粉丝。

“互联网+”在各行业的不断渗透，使越来越多的传统企业进入互联网转型阶段。但很多企业在线上布局的过程中，仅以入驻电商平台、开发线上商城等方式将商品转移到线上，忽略了和用户之间的实时交互，这种转型更像是拓展销售渠道，并非转型新零售。

在社群经济时代，传统企业想要成功实施互联网化转型，发力新零售，进行社群营销是必然选择。通过对用户进行社群化运营，企业可以沉淀一批高价值的忠实用户，实现高效率、低成本的精准营销、定制营销。

在转型新零售方面，实体零售企业表现得非常积极。虽然在电商领域，向线上发展的实体零售企业很难挑战阿里巴巴和京东的地位，但强调线上线下相结合的新零售给其转型发展带来了重大机遇。在新零售转型过程中，部分实体零售商建立并完善网络交易系统、支付系统，实施业务流程数字化、智能化改造，向领先的电商企业学习线上运营技巧和经验等，取得了良好的效果。

作为一种新兴业态，社群新零售存在多重优势。例如，社群新零售充分发挥线上运营在交易、支付等方面的优势，使购物消费变得十分方便快捷；利用集展示、销售、营销、售后等诸多功能为一体的实体门店，满足消费者对服务及体验等方面的需求，有效弥补了电商服务和体验缺失的短板。

社群建立：搭建完善的社群体系

进入移动互联网时代之后，各种社交平台相继涌现，人与人之间的联系越发紧密，各种关系的建立也更加方便，随之产生了以兴趣、需求、身份等因素为基础的社交关系链，即社群。通过企业的深度挖掘，社群衍生出很多有趣的商业模式。

在社群运营方面，小米做出了有益的示范，从粉丝运营到社群运营，小米均取得了较好的成绩。一方面，小米确定了“为发烧而生”的口号，吸引“米粉”积极参与产品设计与研发，鼓励“米粉”提出建议，让米粉享受参与产品改进的荣誉感。这样一来，“米粉”就会自然而然地成为品牌的传播者和品牌形象的维护者，即高忠诚度的用户。另一方面，小米会定期举办线下活动，激发社群活跃度，回馈粉丝。在频繁的促销活动的辅助下，小米借此模式创造了很多销售奇迹。

在社群营销方面，罗辑思维也是一个典型案例。罗辑思维利用罗振宇的影响力聚集了一批“85后”粉丝，这些粉丝相互链接形成社群。在这个社群中，罗振宇致力于培养社群成员独立思考的能力，鼓励他们分享，为品牌营销与销售奠定了基础。继罗辑思维之后，社群电商开始大规模兴起，尤其是教育类社群电商发展迅速。

随着社群营销的成功，社群被视为营销传播的新思路，人们都希望通过社群营销实现营销升级。于是，营销者转变了思路，摒弃传统的大规模发布广告的方式，开始定位品牌的目标消费群体，将他们吸引、聚集到一起，有针对性地向他们推销产品。在这种情况下，社群电商时代悄然而至，越来越多的企业、品牌开始利用社群开展营销活动、销售产品。于是，建立品牌社群，充分发挥品牌社群的作用成为备受人们关注的话题。

在建立社群之前，企业首先要明确社群建立的目的。一般来说，社群建立的目的有两个：一是销售产品，二是宣传产品。因为产品销售与产品宣传采用的方法不同，所以这两个目的也有主次之分。“销售投放不是品牌投放，不能根据产品销量对投放效果进行评判”，体现的就是这两个目的的区别。销售投放要求立竿见影，产品宣传、品牌宣传则将销售动机隐藏起来，向受众传递品牌精神，其效果经过一段时间才能显现出来。所以，品牌要根据自己的实际情况选择建群目的，如果是低频产品，最好以品宣为目的，如果是高频产品，最好以销售为目的。

明确建群目的之后，企业就可以建群了。创建社群的方法有两种。一种是寻找现存的社群，对其进行综合管理，形成自己的品牌社群。例如，汽车销售企业搜索汽车论坛，寻找合适的社群加入，通过一系列运作将其转化为自己的品牌社群。另一种是通过活动创建一个新社群。例如，罗辑思维通过视频与活动聚集粉丝，建立了一个全新的品牌社群。

寻找现有的社群有两种方法：如果品牌已有明确的定位，就可以将其中与人格有关的属性提炼出来，寻找人格属性相同的社群；如果品牌没有明确定位，可以寻找一些方便进入，且聚集了产品潜在消费者的社群，对社群进行全面分析，以该社群的人格属性为品牌定位，通过开展定向营销拓展更多类似的社群。

建立新社群需要推出很多活动，将属性相同之人慢慢聚集到一起。首先通过活动引导一部分人进入蓄积社群池，然后鼓励这部分人吸引更多属性相同之人，最终形成有一定规模的品牌社群。

社群的建立有一定的目的，而且社群成员必须认同社群文化。如果品牌人员突然介入一个社群，不仅难以融入社群文化，而且过度介入会弱化社群的中心化特征，不利于社群将去中心化产生的裂变效果充分发挥出来。同时，如果社群数量过多，企业也无法投入过多的人力进行运营，尤其是那些需要长期孵化的社群。为延长社群的生命周期，获取更多时间开展品牌销售与宣传，品牌最好构建一个以社群原有人群为主，品牌工作者为辅的社群自运作体系。

对于社群运营来说，人与规则是最重要的内容。规则由品牌工作者制定，社群管理人员执行。社群成员可以分成三种类型。

（1）优质、原创内容产出者，这类人可以对一个产品的优点进行剖析。相较于品牌发布的公关稿，这类人发布的观点更加客观，更容易令人信服，可实现广泛传播。

（2）内容产出者的追随者，他们会对社群内的优质信息进行整合，进一步对产品的优点进行梳理，将其传播给更多人知晓。对于这类人，品牌可给予一定的物质奖励，让其为社群管理提供辅助。

（3）认同上述内容，并乐于转发分享的普通社群成员，他们虽不会产出内容，却可以引爆传播，呈现出病毒式传播的效果。

最终，品牌就是要凭借社群运作体系实现无为而治，让其更好地为品牌宣传与产品销售服务。

社群运营：产品销售与品牌传播

社群有一定的生命周期，通过运营活动的开展，其生命周期可有效延长，社群的效用也能实现最大化。下面从销售与品宣两个方面切入，对高频产品销售与低频产品品宣进行对比分析。

◆ **高频产品促进销售，活动运营是关键**

高频产品每推出一项活动，社群成员就会产生消费行为，成为真正的消费者。所以，利用这部分资源，品牌无须再投入资金聚集人气，对用户进行教育。在活动开展初期，如果品牌能对活动促销信息进行包装，使活动促销信息广泛传播，就能刺激社群人员参与购买。但如果想让这种购买行为长期存在，品牌就要在活动打造方面投入更多资源。

活动促销信息要与用户的购买需求相符，除常规的促销活动外，品牌还可以根据高频产品的使用周期定期为消费者发送复购活动提醒。品牌每期营销活动的主题都要有理有据，除了要对产品销售时机进行有效利用，还要跟随热点发布一些购买理由。

品牌可在社群内推出一些社群成员专享活动，如发放大额优惠券等。选择一些特殊的时间发起体验购买活动，不仅可以增加产品销量，还能扩大品牌传播。因为线下活动可以很好地刺激用户分享，例如，有趣的活动场地设计、个性化的活动场景都有可能成为分享点，刺激用户分享。

◆ **低频产品促进品宣，内容运营是关键**

低频产品的购买频率较低，品牌无法通过分析用户行为对促销活动进行优化，只能不断地对品牌定位进行强化，在用户可能购买的渠道布点，希望用户在产生购买需求时能立即想到自己的品牌，然后选择距离自己最近的渠道购买。同时，在购买低频产品时，消费者往往会向亲朋好友咨询，询问他们的意见与建议。

由此可见，低频产品的社群运营要做好以下三项工作：

（1）强化消费者对品牌的认知；

（2）对最近的销售入口进行优化设计；

（3）鼓励已购买产品的顾客进行二次传播。

这三项工作可通过内容运营实现。

强化消费者对品牌认知最好的方法就是进行优质的内容运营，频繁发布内容，弥补低频产品购买频次低的不足，增强消费者对品牌的认知与信赖，让消费者在产生需求时能立即想到该品牌。

通过对距离最近的渠道进行优化设计，可以在内容运营推送的图文消息中嵌入购买入口，还可以设置一些社群成员都熟知的固定购买入口，并在入口附近投放一些福利资源，引导社群成员频繁前往入口，刺激用户看完内容之后立即通过入口下单。

低频产品可以通过刺激已经购买了产品的用户进行二次传播，在销售活动中嵌入可以引发二次传播的奖励机制，鼓励社群成员创作内容或转发分享，最终通过官方渠道实现二次曝光，形成口碑传播，吸引更多消费者购买。为了提升内容分享效果，在社群运营过程中，管理员要经常组织讨论，采用一些特殊的方式和方法将品牌信息传播给社群成员，感染用户，形成二次口碑传播。

社群优化：实现社群可持续运营

社群经济模式可以帮助企业沉淀忠实粉丝，为企业带来大量流量支持。同时，根据社群成员提交的反馈建议，企业可以对产品及服务进行持续优化完善，实现持续稳定发展。具体来看，想要做好社群新零售，企业需要从以下几个方面着手。

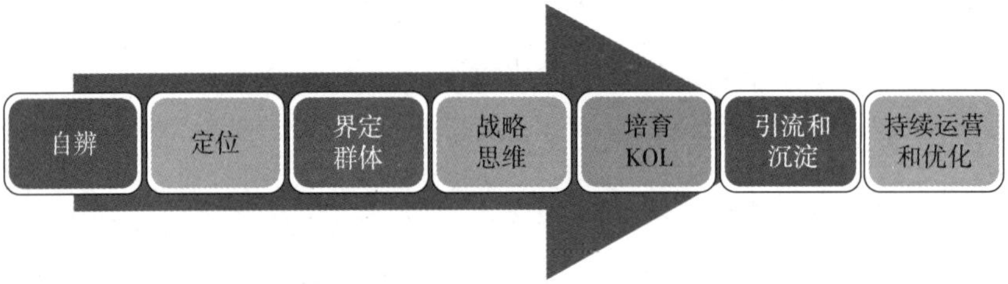

图3–5　社群新零售的七大运营方法

◆ **自辨**

在布局社群新零售之前，企业要对自己有清晰的认识，明确自身的优势、劣势、所处行业的竞争态势、行业发展趋势等，这样才能在后续的工作中充分整合内部及外部的优势资源，找到真正适合自己的社群零售切入点，形成真正可行的社群运营方案。

◆ **定位**

社群运营的价值已经得到了充分证实，可以参见小米、罗辑思维等企业。但目前，绝大部分的社群变现并不理想，企业耗费大量时间与精力将社群规模做大后，变现过程中又遇到各种阻力。这种情况的发生和社群定位不清晰存在密切关联，很多企业建立并运营社群没有清晰的战略规划，只是一味地扩大社群规模，以享受社群红利，没有思考如何变现，给后期变现带来诸多阻力。

◆ **界定群体**

企业的资源与精力相对有限，再加上消费者的消费需求越发个性化，企业不可能满足所有人的需求，在这种情况下，界定社群的目标用户就显得很有必要。这项工作的开展需要企业找到合适的目标用户，长期为用户提供优质内容，逐渐与用户建立良好的信任关系，实现企业和用户的价值共创。

◆ **战略思维**

传统零售企业布局社群新零售需要进行一系列创新与变革，这个过程需要战略思维提供有益的指导，让企业从经营管理的诸多细节入手，针对布局社群新零售的相关要求进行改造升级。从社群运营的角度看，想要确保社群长期稳定发展，需要形成社群成员普遍认可的社群文化，用统一的文化和价值观维系社群成员与企业及社群成员之间的情感链接。

◆ **培育KOL**

培育KOL对社群运营乃至社群新零售布局具有十分重要的影响，KOL能够对社群成员的行为及决策产生关键影响，在帮助企业降低社群运营成本、提高营销转化、引导社群舆论等方面具有明显优势。培育KOL并非易事，因此很多企业选择和KOL合作。但在这种模式下，社群被KOL控制，企业需要承担一定的风险。

为了做好KOL培育工作，企业需要为KOL设置一些硬性标准，例如，愿意在社群中花费时间和精力，具备较强的内容生产能力，善于进行话题引导等。

◆ **引流和沉淀**

在引流和沉淀方面，微商、自媒体领域社群营销的成功案例尤其值得企业学习借鉴。社群引流及沉淀应该依靠传播，而不是简单粗暴的利益诱惑。赠送代金券、转发参与抽奖等方式固然可以在短时间内增加流量，但这种流量并不精准，而且流失率较高。社群成员引流与沉淀更重要的是为社群成员创造价值，促使社群成员进行传播分享，基于一定的社交关系开展口碑传播，实现“一传十、十传百”的病毒式营销。

◆ **持续运营和优化**

社群运营是一项永无止境的工作。一方面，作为一种用户运营手段，社群运营涉及很多内容，需要运营人员长期投入大量的时间和精力；另一方面，新运营模式、技巧层出不穷，需要运营人员不断学习。通过对一系列社群运营的成功案例进行分析，笔者总结了以下几种实用技巧。

（1）品牌人格化。品牌不能只是一种冷冰冰的符号，更要融入情感元素，用温度打动社群成员。

（2）塑造社群亚文化。社群作为在某一方面有共同爱好的人的聚集体，想要长期存在，必须塑造符合社群成员需求的社群亚文化。

（3）线上线下活动相结合。通过举办各种线上线下活动，能够有效提高社群的活跃度，延长社群的生命周期，帮助企业更好地进行营销推广。

发力社群新零售，企业必须重视用户体验，解决用户需求痛点，构造出强大的核心竞争力，与竞争对手开展差异化竞争。其中，核心竞争力的构建需要企业打造完善的供应链管理体系及线上线下一体化运营体系，对商业模式及管理理念进行创新，通过社群化运营建立社群生态圈，实现提质增效的同时，给用户创造极致的购物体验。

CHAPTER 4

AI+零售：人工智能时代的零售生态圈

4.1 人工智能开启未来零售图景

智能商业：AI驱动下的智能零售

关于人工智能的发展热度能够持续多久，不同的人有不同的看法，但不可否认的是，相较以往人工智能对科技与市场产生的影响，此次人工智能革命已经在诸多方面改变了人们的生活。在这种形势下，电商企业与实体零售企业积极探索人工智能，将其应用到业务运行过程中，使“智能零售”成为各界关注的焦点。

提到零售业与人工智能的结合发展，最具代表性的当属亚马逊推出的Amazon Go，这个运用先进技术手段的智能实体零售店，在推出后迅速引起人们的广泛关注，进一步提高了智能零售的热度。

Amazon Go运用了许多智能化技术手段，这种“拿了就走”（Just Walk Out）的新型零售业态，集智能传感、机器学习、视觉识别等多项技术于一身，在店内安装了许多摄像头、传感器及多种类型的信号接收装置，能够识别消费者从货架拿取或放回商品的行为，以无人化方式追踪店内顾客的行动轨迹。通过采用人工智能技术，Amazon Go有效提升了顾客的消费体验，帮助他们节省时间与精力，为零售行业与人工智能的结合发展开辟了道路。

在技术发展的驱动下，零售业不断进步，在为消费者提供更加优质的服务的同时，也给消费者带来了更多便利。近年来，零售企业纷纷在人工智能领域布局，促进了人工智能的商业化应用，提高了零售业务发展的智能化、现代化水平。

零售行业能够突出体现人工智能的商业化应用，但除此之外，人工智能也在其他行业实现了深入应用。立足于宏观角度，零售行业在投资、技术应用、市场开发及研发合作方面对人工智能的应用仍是浅层次的，相比之下，交通、教育、医疗等行业对人工智能的应用更为成熟。

在零售业领域，除了支付、商品识别、商品管理及安全保护等方面，人工智能还应该在供应链、物流、市场运作、管理及服务等环节中得以应用，零售企业应该利用人工智能对传统的商业模式与盈利模式实施改革，加速产业运转，为用户提供更加优质的购物体验。

但现阶段，零售行业的智能化发展主要通过销售端体现出来。举例来说，日本、美国等国家都推出了智能穿衣镜、管理机器人、迎宾机器人等。但对销售终端及零售环节进行智能化改造，就意味着零售行业实现了智能化升级吗？要探讨这个问题，就要对何为智能零售进行分析。

在智能零售出现早期，业内人士就围绕智能零售的定义发表了多种看法。从本质上来看，智能零售的商业模式应从消费者、需求场景、商品及服务等层面出发，提高零售各个环节的运营效率，优化消费者的购物体验，以用户的生活场景为切入点，满足他们的消费需求，并为其选购商品的过程提供便利。

从根本上来讲，商业运营就是为顾客提供符合其需求的商品与服务。从目前的技术发展情况来看，零售行业的智能化发展集中体现在企业运用大数据、智能感应、移动技术满足顾客需求、实现商业供应方面。在智能零售模式下，企业无须在库存管理环节投入过多成本，能够有效降低库存压力，从整体上提升供应链效率。另外，自动化技术将在物流行业得到广泛应用，推出自动驾驶、机器人配送服务，更好地对接消费者的即时性需求，提高零售行业发展的数字化水平。

在发展过程中，零售业始终追求降低供应链成本，提高运营效率。通过向智能化转型，零售行业能够以自动化技术代替传统的人工管理，在加快物流运转的同时，减少因人工操作导致的失误，并在流量导入、用户管理、粉丝运营、市场营销等各个环节发挥作用，加强企业之间的合作，在满足消费者需求的同时扩大利润空间。

在人工智能的驱动下，智能零售的发展将在以下几个方面取得进步：

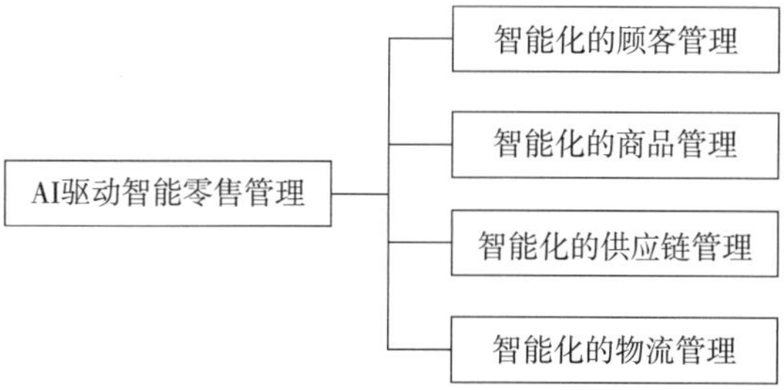

图4-1　AI驱动智能零售管理

（1）实现智能化的顾客管理：零售企业可以运用智能技术进行消费者分析，瞄准目标消费者，提高信息推送的针对性，挖掘消费者的内在需求，全方位地掌握消费者的相关信息，围绕消费者需求开展运营。

（2）实现智能化的商品管理：市场上涌现的商品种类越来越多，消费者的需求也呈现出多样化的特点，在这种形势下，企业必须注重商品管理。利用智能化技术，零售企业能够优化商品管理，满足消费者的个性化需求。

（3）实现智能化的供应链管理：零售企业要打造完善的供应链体系，提高供应链管理能力，强化对门店销售、消费者及合作企业的管理，在实现成本控制的同时加速企业运转，提升供应链管理水平。

（4）实现智能化的物流管理：零售企业可以根据原定计划安排货品存储，实现快速发货，在深挖用户内在需求的基础上，优化物流仓储及供应链管理，依托智能技术合理安排相关商品的存储，优化商品的存储方式，合理规划物流配送路径，缩短商品配送时间。

数据资产：智能零售落地的关键

大数据在智能零售的发展过程中占据着十分重要的地位，谷歌公司在无人驾驶领域的布局能够体现出大数据对人工智能的重要意义。

无人驾驶是人工智能领域的重要组成。谷歌在2012年就开始在该领域布局，并对100多辆自动驾驶车总行程170万英里以上的实验数据进行统计，用于后期的项目研发。特斯拉在2014年开始布局无人驾驶，并收集了由10多万个司机控制的配有计算机辅助驾驶功能的汽车数据，总行程1.4亿英里以上，远远超出谷歌的数据规模。2016年12月，国外媒体报道，谷歌暂时停止了对全自动无人驾驶汽车相关的研发工作，转而联手其他汽车厂商，致力于对传统汽车进行自动化驾驶改造。谷歌之所以转变发展方向，既有市场竞争因素的影响，也很可能与谷歌本身缺乏足够的数据支持有关。

大数据的形式非常丰富、数量非常庞大，层次也比较多，智能化在发展过程中，需不断提高自主学习能力。经过长时间的发展，我们拥有了足够的数据资源，为人工智能的发展提供了有效支撑。人工智能不同于其他数据分析技术，要基于神经网络向外延伸，并利用大数据赋予设备自主学习能力。

与此类似的是，智能零售的发展也有赖于海量大数据与机器学习的支持。大数据的应用给零售业带来了深刻变革，在其影响下，包括实体零售与电商在内的整个零售行业进入了变革升级时期。在今后的发展过程中，大数据、数字化的影响会延伸到零售业的更多环节，让人们越来越注重个性化消费。大数据场景是智能零售发展的前提，在智能零售商业生态中占据重要地位。智能技术只有结合大数据的应用才能实现智能化，同样，人工智能只有结合商业场景才能真正落地。

《连线》杂志创始主编凯文·凯利提出，“无论你从事哪个行业，你做的生意都是数据生意。”从企业发展的角度来看，客户数据的价值可比肩客户本身。只有拥有足够的数据资源，企业才能实施有效的分析预测，从数据处理中进行价值挖掘。智能零售的发展同样离不开大数据。

鉴于大数据拥有不可替代的作用，我们可以通过分析电商企业与实体零售的数据统计与应用情况，来预测智能零售未来的发展态势。

与实体零售企业不同，电商企业拥有多样化的数据库系统，在收集用户访问数据方面的难度不大，能够在短时间内完成数据获取、实时跟踪、数据处理等工作，切实提高运营与管理效率。相较之下，实体零售在数据获取方面的难度要高一些，需要耗费大量成本，且无法保证所获数据的精准性。在移动互联网时代，电商企业能够通过社交平台获取丰富的数据资源，通过数据分析找到不同数据之间的关联，实现价值挖掘。所以，现阶段，在人工智能领域布局并积极探索的多为实力型电商企业，其中部分企业的人工智能探索已经取得了一定成效。

尽管实体零售企业在长期发展过程中也十分注重数据获取，但大部分企业在这方面的发展都停滞不前，在数据应用方面也陷入困境。在数据收集与记录环节，实体零售获取会员数据与后端供应数据的难度相对较低，但前端运营数据的获取难度较大，而且难以获得完整的、关联性的数据资源。数据的关联应用非常重要，企业在商品采购、物流、市场运作等各个环节产生的数据存在一定的关联，如果将这些数据分割开，就无法实现数据价值的有效利用，也就无法有效促进人工智能的发展。

深度融合：实现线上线下一体化

近两年，一直占据话题中心的全渠道、O2O等概念的热度有所下降。随着互联网、移动互联网迅猛发展，为了促进零售业进一步发展，零售企业应该在概念层面进行创新，但从本质层面来看，零售的核心诉求将持续下去。

新零售致力于加强上游与下游之间的资源连接，一方面，促使上游商家实施改革，加快其物流运转，提高其营销效率；另一方面，鼓励下游商家拥抱互联网，提高其数字化水平。在促进电商布局线下渠道方面，马云提倡采用新零售模式，实现线上线下一体化运营，亚马逊则推出了Amazon Go无人零售业态。

实体零售在进行融合的过程中会遇到许多阻力，要想积极拥抱互联网，实现融合发展，实体零售就要改革传统的经营理念，将顾客放在核心位置，通过自身运营为顾客创造价值。为了将线上线下渠道的运营结合在一起，实体零售与电商企业都曾尝试提高市场反应能力、提高服务的针对性。虽然这并不是近两年才出现的商业模式，但在先进技术的带动下，尤其是随着智能技术在经济领域的深度应用，致力于线上线下一体化发展的新零售实现了对O2O商业模式的进一步延伸。

随着传统零售的产业生态不断发展成熟、生产格局持续改变，新零售应运而生。随着先进技术不断发展，零售企业逐渐向上游延伸。在智能技术应用的基础上，电商与实体零售在商业模式、消费场景、商业生态层面实施了改革，进一步促进了跨界合作，加强了不同渠道、不同商家、零售端与生产端、商家与消费者之间的联系，能够满足多方参与者的发展需求。

此外，实体零售企业运用企业资源计划系统、客户资源管理系统进行数据获取与存储。但在移动互联网时代，实体零售主要聚焦于提升自身的管理能力与运营效率，未实现数据的广泛传播。在这种情况下，企业在实践O2O模式的过程中，无法真正实现线上线下的无缝对接。

借助大数据技术与智能技术，实体零售企业能够实现与互联网的深度结合，提高总体运营的智能化、数字化水平，更加全面、准确地掌握用户的相关信息，利用大数据提高决策的合理性，优化商品管理与服务体系，从而提高营销的针对性，促进不同渠道之间的连接。

新零售与智能零售会为电商发展带来更为显著的影响，但从本质上来讲，无论哪种零售形态，在通过数据获取与分析掌握消费者的相关信息，并根据数据分析结果促进产品销售方面并无不同。在新零售时代，零售商应该将顾客放在核心位置，重视数据的价值，更好地满足顾客的需求。为了增加自身收益、进行成本控制、扩大利润空间，零售商要勇于革新思维模式，借助先进的技术手段提高消费者的购物体验。

转型对策：布局智能零售的思考

社会的进步促进了智能化的发展，使许多智能技术在零售行业得以应用，技术层面的革新则推动了零售行业的智能化改革与升级。

只是用自动收款机来代替人工结账，还不能称为智能零售。零售行业在向智能化发展的过程中，会利用人工智能技术对各个环节进行改革。在技术的推动下，零售业发展将逐渐趋向智能化。智能零售能够为企业的经营与发展制定系统化的实施方案，使顾客分析、顾客信息统计、信息针对性推送、售后服务等工作实现智能化。

完成智能化升级之后，零售企业的商品管理与顾客管理都能实现智能化，从而减少工作负担，加速整体运转，更好地适应新零售对企业发展提出的新要求。举例来说，利用先进的技术手段，零售门店可以通过蓝牙技术或其他方式快速获取顾客的数据，并将其传递到后台，方便后台及时进行数据分析与处理，根据处理结果向消费者推送符合其需求的商品、优惠信息等，快速满足顾客需求，提升顾客的消费体验，与顾客建立长期友好关系。由此可见，智能化是企业向新零售转型的有效途径。

近两年，智能零售的热度持续上升，很多零售企业纷纷进行智能化改革，尝试通过发展智能零售进行更大范围的市场开拓。即便如此，智能零售究竟能够通过什么方式来体现企业的竞争优势，仍然有待市场进一步检验。

此外，人工智能领域仍有待发展。目前，那些聚焦于零售业人工智能的企业尚处于早期探索阶段，大部分企业为初创公司，主要聚焦于个性化市场。虽然这类企业为零售用户提供了一些智能产品，却无法保证产品的实用价值。毋庸置疑，未来零售行业将实现智能化发展，但如果只是在零售接触点使用一些新兴的智能化产品，并不意味着企业实现了智能零售转型。

目前，许多企业开始从事零售信息化软硬件服务的提供，并开发出许多先进的技术与产品，对传统产品线进行了升级改造，推出一系列引人瞩目的智能硬件产品。与此同时，越来越多的技术服务商崛起，进一步提高了智能化的热度。

在人工智能革命发展初期，有业内人士提出，人工智能革命是一个长期的过程，当越来越多的人工智能硬件产品出现在市场上时，零售企业不应急于开展后续的改革与发展，而是应该等待产品的升级与革新。

对待人工智能的发展，多数企业在期待的同时也会产生忧虑甚至恐惧。例如，亚马逊推出的Amazon Go，初期只面向内部员工运营，之所以限定开放范围，一方面是为了避免信息泄露，另一方面是为了对智能技术的精准性进行测定。由此可见，智能购物的发展是一个循序渐进的过程，企业产生忧虑在所难免。

目前，备受关注的人工智能是否掺杂了泡沫尚未可知，但可以肯定的是，只有实现了产业化发展，人工智能才能催生出成熟的商业模式。从根本上来讲，目前，人工智能的发展仍然以计算能力的提高为基础，通过大数据的应用在某些领域取得进步。但其商业应用还有待发展，需要与商业场景融合在一起，从根本上促进智能零售的实现。

如果人工智能给零售业带来的变革仅停留在浅层次的技术层面，零售企业就要改变此前对人工智能抱有的过高期望。目前，在行业发展中起带头作用的实力型电商企业，及部分初创企业聚焦于智能零售技术的研发与应用，但由于人工智能的商业应用还不成熟，零售企业要避免盲从，应该采用审慎的态度，根据自身的情况及发展需求在智能零售领域布局。

4.2 AI技术在零售领域的应用

AI技术在智能零售中的应用场景

◆ 商品电子价签

利用红外传输定位与商品导航技术，电子价签能够在卖场经营中发挥实际性作用。使用传统标签需要定期更换，耗时耗力，需要投入大量成本，电子标签不仅能够节省这些成本，还能提升卖场形象，提高消费者的认可度。综合考虑这些因素，卖场采用电子价签只需1~2年的时间就能收回成本。

◆ 室内定位及营销

要想提高用户体验，零售企业要在消费者搜寻商品时，在把握其需求的基础上，为其提供准确的商品位置。为了做到这一点，不少企业选择采用iBeacon技术。

iBeacon的工作原理是：基于iBeacon BLE技术，设备可利用系统中安装的低功耗蓝牙（BLE）通信功能，将自身的ID信息传递给应用软件，应用软件的运营方能够据此进行信息推送或启动其他运行。运用iBeacon，商户能够与智能手机之间实现有效连接，获知并追踪对方的位置。目前，以北京大悦城为代表的商场利用该技术开展定位营销，有效提升了消费者的购物体验。

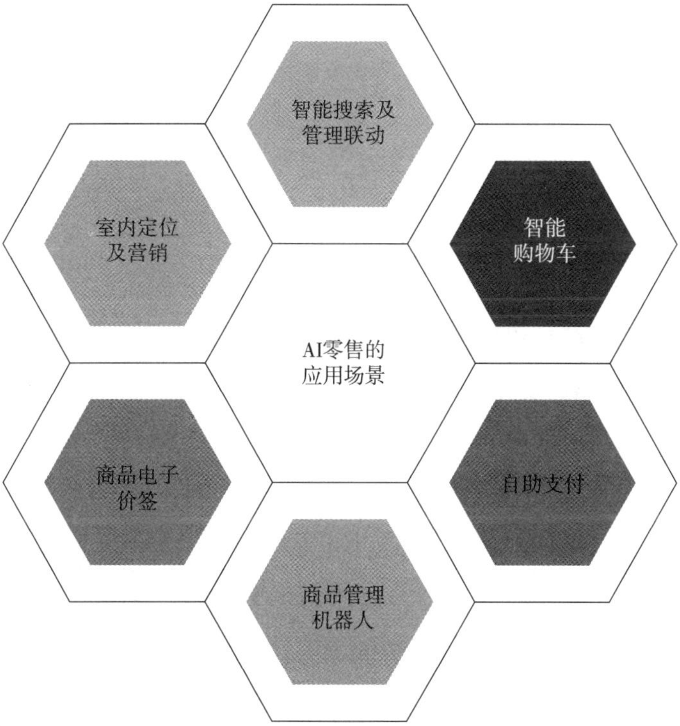

图4-2　AI零售的应用场景

◆ **智能搜索及管理联动**

零售企业运用关键性技术，如数据可视化（Data Visualization）、数据仓库（Hive）、iBeacon、大数据智能分析技术等，依托专业的服务开发平台，能够推出更多智能化、人性化服务，提升整体运营效率，实现管理联动。

◆ **智能购物车**

购物车是超市与卖场中普遍使用的硬件载体，很可能成为智能化变革的首要目标。零售行业的智能化改革表现在：零售店铺运用生物识别技术搭配摄像头，计算人流量并进行人脸识别，连接到消费者的智能手机并进行信息获取，据此实施精准化营销。

◆ **自助支付**

近两年，手机支付实现了广泛应用。随着手机支付的发展，越来越多的实体零售店将提供自助支付服务。具体而言，零售店将配备自助收银机，通过文字、视频、语音为消费者提供引导，代替传统的人工收银。随着支付宝、微信、银行支付的普遍应用，商家也将越来越多地采用其他自助支付方式，如阿里巴巴推出的刷脸支付。

◆ **商品管理机器人**

加州科技公司Simbe运用先进的图像识别技术，开发出适用于商品管理的机器人产品。

该公司推出的机器人Tally内置机器学习功能，能够在获取商场商品分布信息的基础上，利用智能定位技术、图像识别技术等对商品信息进行识别，迅速感知商品状态的改变，保证商品放在正确的位置，连接库存管理系统，保证商品的正常供应，统一收集并分析商品变动情况，帮助供应商及零售企业制定更合理、准确的决策。

智能推荐：提升个性化消费体验

零售行业应用个性化、定制化推荐可带给顾客更优质的体验。系统可根据顾客的浏览轨迹、购买记录推测其感兴趣的商品与服务，从而有针对性地向其推荐商品，从而开展线上精准营销。

例如，商家可以运用视觉筛选技术，根据用户的选择，制定适合自己的商品推荐方案。在具体实施过程中，商家可以构建特定的情景吸引用户参与，对消费者选择进行合理预测，结合消费者的商品浏览记录，优化自身的商品组合与经营方式。消费者数据是商家进行智能推荐的基础，商家可根据消费者偏好为其推荐产品款式、颜色、尺寸等。

现阶段，不少电商平台都使用人工智能推荐模型开展运营，未来，这种方式将被越来越多的企业所采用。

在我国，很多创业公司利用自己掌握的人工智能技术进入电商行业。例如，码隆科技致力于发展最时尚的人工智能，力求在时尚领域开展精深的智能搜索。为此，码隆科技引用深度学习技术让计算机对材质、颜色、花纹等因素进行全面了解，让颜色、款式变得可分析。码隆科技的主要产品Style AI支持用户通过服饰照片快速了解类似服装的搭配，是一款非常时尚的人工智能产品。

而衣+网站则支持用户通过搜索图片寻找衣物，并为用户提供导购服务，其产品有衣+边看边买搜索引擎、衣+图像、视频标签分析引擎、衣+人脸属性分析引擎，颠覆了传统的时尚商品搜索与交易模式，与计算机视觉识别、人工智能等技术和时尚社交网络相结合，在人与商品之间建立连接，汇聚了海内外100多家主流时尚的电商商品。

对上述两款应用进行对比可以发现，两者都使用了搜索、大数据、图像识别等技术，从而带给消费者更优质的购物体验。二者的不同之处在于：衣+不仅支持衣物搜索，还支持购物交易，完全取代了传统的“时尚导购员”。

日本软银集团联合法国Aldebaran Robotics研发的人形机器人Pepper，于2016年在日本电器销售商山田电机（Yamada Denki）中担任导购员。在此之前，这款机器人也承担过一些商品销售工作。企业可以采用租用方式引进Pepper机器人，其租金水平为每月55000日元（约合人民币2730元），只占到日本最低工资的50%。

机器人导购的优势体现在：能够降低企业的人力成本，激发消费者的兴趣，吸引消费者的目光，有效促进产品销售。其不足之处则体现在：商品识别精准度较低，环境因素会对人机对话产生干扰，语言应用技术仍有待发展。

智能客服：AI时代的人性化服务

智能客服在电商领域发挥着极其重要的作用，可辅助人工客服工作，提高问题解答的效率。过去，智能客服的功能比较单一，只能回复文字。目前，智能客服具备自然语言处理能力和深度学习技术，可根据顾客信息有针对性地向其推荐商品，为其提供订单修改、退款、退货等服务。

根据IT桔子统计：目前，阿里巴巴、百度、网易都推出了人工智能客服，其产品分别是阿里小蜜、百度夜莺、网易七鱼。除这些巨头外，还有一些创业企业推出了人工智能客服，如小i机器人、易米云通、Udesk等。总体来看，这些企业可划分为两大阵营，一是以阿里、百度为代表的基于自身业务需要慢慢建立起来并开放的人工智能客服；二是以网易及部分创业企业为代表的致力于SaaS服务To B市场的厂商。

客服在电商零售运营过程中占据着重要地位，也是企业成本的主要组成部分，在向智能化转型的过程中，企业会将人工客服转换为机器人客服。

IBM研发的Watson机器人能够担任客服的角色，利用自然语言、人类情感识别技术，为用户提供符合其需求的商品信息，满足用户的咨询需求，处理用户的投诉请求，还能够输出娱乐化内容。Watson机器人拥有自学能力，不仅能够帮助用户解决问题，还能判断他们当前的情感状态。除IBM之外，Facebook、谷歌等企业也在人工智能客服领域展开布局，为人工智能客服的发展提供了充足的资金支持。

智能客服体现了智能语音、自然语言处理等人工智能技术的应用。随着数据规模越来越大，深度学习越发强大，图像、语音检测与理解进一步发展，文本理解与反馈让机器人越发智能化，机器人可以像“人”一样与顾客交流、互动。

前面所述为人工智能从技术层面对智慧零售进行的包装，在物联网的推动下，零售领域将产生更多技术革命，有些可产生积极作用，有些则可有可无，企业要学会识别。

腾讯战略：智能零售的四大变革

互联网智慧工具在零售行业中应用不仅体现在选址、选品、产品价格调整方面，还体现在企业依托智慧物流降低库存、正常供货方面。具体的应用场景不同，企业对互联网智慧工具的应用方式也不同。

通过云平台与社交网络，智能零售能够不断向外延伸，提高对核心资源的利用率，为第三方提供腾讯的大数据、云计算、地理定位服务等。作为腾讯的合作伙伴，可利用腾讯提供的小程序、线上支付功能，还有腾讯庞大的流量推动自身发展。

为促进零售行业的变革，腾讯从流量、体验、数据三个维度出发，推动企业提高运营效率、优化消费体验、扩大品牌覆盖范围。在向新零售转型的过程中，企业的改革从营销支付环节延伸到运营管理环节，进而拓展到生产研发环节，旨在进行全方位变革。

★流量维度：腾讯向零售商提供流量与用户支持。除平台电商之外，企业在运营社交平台、开展内容营销的过程中，也能够积累大批高质量的用户资源，得到用户的认可与支持。在这个过程中，企业可以发挥粉丝效应，并建立良好的口碑。

★体验维度：企业借助射频识别技术、移动支付功能、虚拟现实技术、个性化推荐技术等为用户打造极致的消费体验。

★数据维度：企业可将用户手机、门店会员管理体系、电商平台信息存储系统连接起来，提高数字化运营能力，更加全面地掌握有关门店及用户的相关信息，加速门店整体运转。

智能零售能够从以下四个方面推动传统零售的改革与发展。

（1）智能零售有助于体现线下零售的差异化特征，提高实体零售对年轻消费群体的吸引力。目前，“80后”“90后”日渐成为国内市场的消费主力军。调查结果表明，年轻一代消费群体更加关注自身的个性化需求，个人偏好及兴趣会对其消费行为及消费态度产生很大的影响。为了彰显自己的个性，这类消费者会向商家提供自身的信息数据，以求商家的产品及服务与自身需求相符。

（2）在消费端全面应用数字科技，便于零售商汇总进店消费者的相关数据，进行客流分析。依托先进的数字技术，零售企业不仅能够提升消费者的整体体验，还能在控制成本的基础上加速运营。举例来说，应用人工智能技术，辅之以智能货架、摄像头等先进技术，实体店经营者能够获取用户的消费记录、个人消费习惯、年龄、性别等信息，用数字化手段进行流量管理。

（3）实现线上线下渠道的一体化运营。在传统模式下，实体零售商与电商相互独立，两者之间存在明显界限。随着电商行业的发展陷入困境，线上渠道与线下渠道之间的界限开始被打破。随着越来越多的商家开通数字渠道运营，消费者开始在不同渠道间自由转换，通过各个渠道了解产品及品牌信息，综合考虑之后制定消费决策。在这种情况下，电商运营冲击实体零售商的现象逐渐消失，企业开始发挥线上线下之间的协同作用，线上线下有望实现互利共赢。

（4）数据应用提升零售智能化水平。在大数据、人工智能技术的作用下，传统零售开始向智能零售转型升级。在这个过程中，企业对自身运营的各个环节进行了数字化改造，以互联网思维代替传统的经营思维，能够有效拓宽企业的发展空间。依托先进的数字技术，企业能够及时获取产业链上各个环节的数据信息，在供应链、仓储物流方面实现线上线下一体化运营。同时，零售企业注重用户体验的打造，围绕用户需求开展运营工作。

赋能工具：智能零售的落地策略

“互联网+”在零售业不断渗透，使传统零售企业遭受了强烈冲击。零售企业想要从同质化竞争与价格战的泥潭中成功突围，必须变革传统的思维模式和管理理念，积极引入国内外先进的技术与商业模式等。

作为国内三大互联网巨头之一，腾讯凭借强大的创新能力及对用户需求的精准把控站在了行业顶端，深谙平台模式的腾讯面对新零售风口，意欲携手广大零售创业者及企业发力智能零售，为消费者创造更多价值。那么，腾讯是如何布局智能零售，其智能零售有着怎样的支撑点呢?

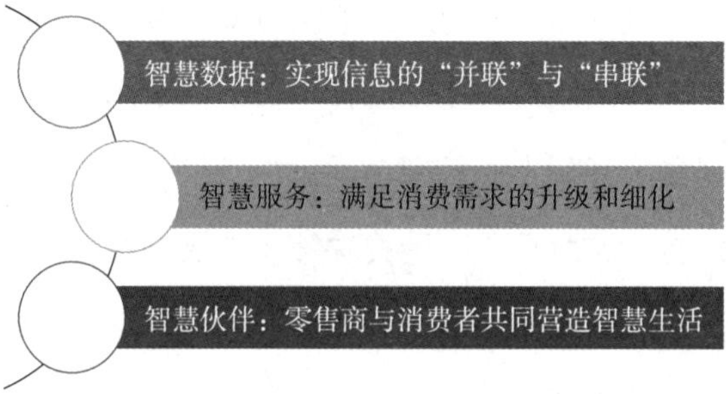

图4-3　腾讯智能零售的三大支撑点

◆ 智慧数据：实现信息的“并联”与“串联”

在大数据时代，大数据的价值并非简单地体现在数据量级持续增加方面，它在促使数据高效流动及深度发掘数据价值方面的价值更值得期待。实现低成本、高效流动的数据能够为企业管理决策提供有力支持，而对数据价值进行深度发掘，能够让企业获得更广阔的探索空间。因此，腾讯将智慧数据作为智能零售布局的一个重要支撑点。

腾讯的智慧数据不但实现了数据的并联，还实现了数据的串联。在数据并联方面，腾讯旗下的两大现象级社交产品QQ和微信为其积累了亿级用户，通过打通社交、游戏、影视等多平台数据实现数据并联，绘制全方位、立体化的用户画像，为开发新产品及增值服务，优化业务流程提供了强有力的支持。

在数据串联方面，腾讯实现了线上数据和线下零售渠道的数据串联，将用户大数据图谱和线下消费路径无缝对接，使智能零售成为可能。腾讯云发布的智慧门店解决方案，对线下零售门店进行数据化、智能化改造，通过丰富多元化的智慧场景连接商品和消费者，赋予门店智慧管理运营能力。

腾讯云在描绘用户画像、深度ID识别、用户路径分析、线上线下用户一体化管理方面具有领先优势，能够让企业对库存进行智能管理，帮助企业了解客流状况，分析用户潜在需求，将营销内容精准地推送到目标用户面前，满足消费者全渠道、多场景的购物需求。

◆ 智慧服务：满足消费需求的升级和细化

消费升级引发了重大的商业革命，消费者的关注点从商品的价格、功能、品质、实用性、耐用性等基础属性转移到服务及体验方面。在这种情况下，企业必须高度重视整个购买过程，以服务关系取代传统的供需关系，通过智慧服务让消费者在购物过程中享受极致的服务与购物体验。

智慧服务作为腾讯智能零售布局中的关键一环，也是腾讯拓展商品市场的重要服务枢纽。作为平台方，腾讯的智能零售更多的是为零售商提供技术、流量、渠道等基础设施，让零售企业可以更高的效率、更低的成本开展进店前的引流推广工作，提高顾客进店后的购买转化，对离店顾客开展全方位运营等，从而优化顾客的购物体验，延长顾客的生命周期，实现价值最大化。

经过多年的积累与沉淀，腾讯在智慧服务体系建设方面已经取得了初步成果，腾讯云、小程序、社交广告、QQ钱包、微信支付等工具为零售企业的运营管理带来了诸多便利。

在服务升级与创新方面，腾讯给予了高度重视。以腾讯和绫致时装集团开展的战略合作为例，在双方的合作项目中，腾讯提供了微信支付和腾讯社交广告两大战略资源，绫致时装集团则将深圳九方购物中心JACK&JONES品牌店和广州白云万达广场VERO MODA品牌店作为试点，将两家门店打造成人脸智慧时尚店，以满足广大消费者的智慧服务需求。

在微信支付和腾讯社交广告的加持下，绫致服装集团建立并不断完善“售前—售中—售后”服务链，增强自身的市场竞争力，获取一条行之有效的品牌升级路径。

售前：腾讯社交广告平台基于LBS、大数据等技术对目标用户进行精准识别及定位，通过朋友圈为用户推送定制内容，同时利用微信卡包帮助商家进行引流促销。

售中：腾讯优图团队（腾讯旗下顶级的机器学习研发团队）通过人脸识别算法帮助商家进行会员识别，并结合微信支付及腾讯社交广告的推荐算法向目标用户推送个性化内容。

售后：小程序服务通知、公众号模板消息等功能将帮助企业更好地开展会员服务，刺激用户重复购买甚至终身购买，提高用户体验的同时，强化绫致时装集团的盈利能力，使其获得更高的利润回报。

◆ 智慧伙伴：零售商与消费者共同营造智慧生活

未来，随着智能零售模式不断成熟，不仅可以推动传统零售业改造升级，更将为人们开启智慧生活之门，引领人们走向智慧时代。智能零售模式使零售企业专注于服务用户，满足用户的个性化需求，通过数字化运营直连消费者，提高转化效率，深度发掘数据价值，实现线上线下一体化运营，满足人们日益增长的美好生活需要。

零售企业和消费者构建零售伙伴关系，共同营造智慧生活，是腾讯智能零售布局的核心支撑点。在传统工业时代，零售企业和消费者仅是交易关系，零售企业很难赢得消费者信任，而腾讯通过推出智能零售解决方案，让零售企业和消费者建立了持续稳定的强连接关系。

例如，星巴克在2017年圣诞节期间，利用腾讯社交广告平台在微信朋友圈推送“圣诞暖意券”广告，用户观看该广告后可领取星巴克10元代金券，该代金券可以直接存放在微信卡包中，以一种非常人性化的方式进行了一场营销推广活动。根据相关统计数据显示，该广告互动点击率高于行业平均水平3倍以上，引发了海量用户在朋友圈传播。

星巴克在其官方微信公众号上线的充满社交属性的微信礼品卡功能“用星说”同样值得零售企业学习借鉴。该功能支持用户在线支付、进行卡券管理、向好友赠送咖啡礼品卡，从而形成覆盖了在线购买、一键领取、社交互动、进店消费等诸多环节的营销闭环。在腾讯的支持下，星巴克逐渐和广大消费者建立起良好的信任关系，实现了多方共赢。

智能零售推动传统零售企业不断改造升级，为零售企业打破发展困境，抢占新零售风口提供了有效路径。同时，智能零售使广大消费者获得了优质服务，使其可以享受高效便捷、低成本的购物流程，开启智慧生活新时代。

4.3　AI驱动的精准运营与决策

数据驱动的“人、货、场”重构

进入新零售时代之后，各行各业都显现出智能变革的趋势，实体零售行业也是如此。例如，电商在线下开设体验店；无人零售；达人在各社交平台积聚流量，然后通过电商平台变现；电商在店内放置AR穿衣镜等。面对这些现象，我们要思考的是这些现象背后有何商业逻辑，是否存在一个商业逻辑可支撑这些模式实现可持续发展。因为只有以科学的商业逻辑为支撑，技术创新才能真正实现。

例如，无人零售业态，可以从整个产业链及供需关系进行考虑，思考支撑无人售货机发展的科技及商业逻辑。借助这种思考模式，我们可以对一个业态能否实现可持续发展做出更科学的判断。

新零售本质就是对人、货、场的重构。在这个过程中，实现数据的全向流通，形成闭环是关键。只有关键环节实现了数字化，人、货、场的重构才能真正实现。

（1）从“人”的层面来看，新零售智能变革的关键词是数字化解析。利用大数据对人进行解析，深入挖掘人的需求，并据此对用户进行分类，从而精准地触及用户，增强用户对品牌的信任，进而提高商品的转化率。

（2）从“货”的层面来讲，新零售的关键词是数字化支撑，利用数据选择合适的商品，构建一条柔性化的供应链，提高供应的精准度。此外，物流企业还可通过数据化提高物流效率。

（3）从“场”的层面来讲，新零售的关键词是数字化沉淀，将数字化引入各个场景，如交互场景、交易场景、交付场景等，实现商品数字化、支付自动化以及服务升级。

未来5年，科技普及率将实现大幅增长，在这一背景下，实体零售会向智能化方向变革发展。

目前，云计算、云存储已在很多领域得到了应用，传感器、自动识别等技术也实现了迅猛发展。未来几年，预测分析等技术将以每年30%的速度稳步发展。这些技术为数据沉淀与解读提供了工具，为新业态的发展奠定了基础。

例如，借助云计算技术，前后端数据很容易打通。试想，如果一个云平台集成存储了所有信息，数据共享、数据打通就会变得非常容易。

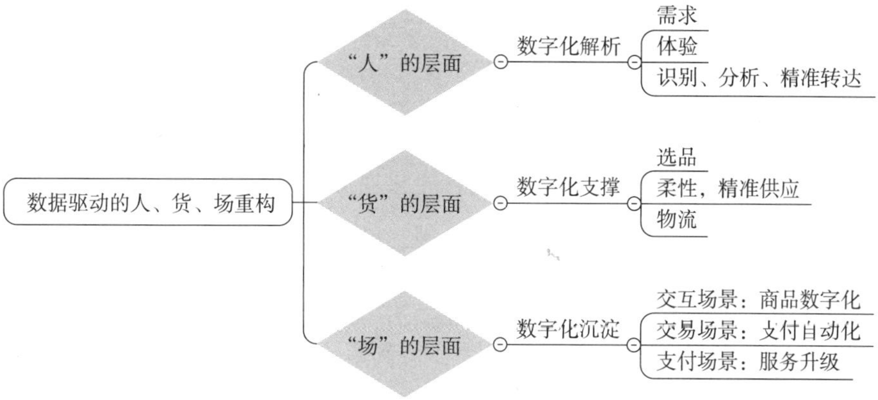

图4-4 数据驱动的人、货、场重构

除技术之外，实体零售向智能化方向发展还有第二重推手，就是中国商品零售增速放缓，但网络零售的占比却不断增长。

过去几年，中国百家大型零售企业的营业额增速下降，线上零售占比持续上涨，给实体零售造成了严重打击。近几年，电商增速也出现下降趋势。在这个关键节点，马云提出了新零售。

也就是说，无论线上零售还是线下零售，都亟须借助新零售迈进一个新的发展阶段。新零售不是线上抢夺线下的流量，也不是线下分流线上流量，而是在消费升级的形势下，使用新方法实现业态升级，促进业务增长。

精准匹配：重构与消费者的关系

实体零售的智能变革就是数据为本、AI驱动的运营决策重构。在这场变革中，数据是基础。过去，管理者决策的依据主要是经验；未来，数据将成为决策的主要支撑。AI驱动指的是随着人工智能逐渐成熟，零售企业要用更智能化的方式挖掘数据隐藏的价值。传统零售企业的智能化变革要以此为基础，对运营决策的流程与数据驱动方式进行匹配。

在传统零售企业智能化升级的过程中，消费者关系重构是最重要的一个环节，可增强消费者的品牌认知，优化消费者的购物体验。对于商家来说，提升运营效率也非常重要。在实现智能化升级之后，零售企业可采用智能化的方式选择店铺地址、管理库存等。

在消费者和商家两方面的问题都得到解决之后，就要考虑如何实现供需的精准匹配了。要想打造一个真正柔性化的供应链，就要在数据智能、网络协同的基础上，让商家的商品供给与消费者的个人需求实现精准匹配。

以小米为例，小米的坪效为26万～27万元/m^2，一家普通零售店铺的坪效为3万～4万元/m^2。通过品牌延伸，小米提高了消费者的进店频率，将购买电子产品这个低频消费行为变成了高频行为。

这个案例带给零售企业一些启发：零售企业在提供产品时无须将品类划分地过于清晰，可以先建立一个强认知，再拓展产品的外延。就像盒马鲜生一样，先建立“吃”的强认知，再向便利店延伸。

随着行业边界越发模糊，消费者需求在不同品类之间跳跃，零售企业必须基于对消费者的深入了解，立足于消费者需求拓展商业边界，重新对提供给消费者的商品进行定义。

近年来，消费者在选购商品时越发看重品牌。如果一个品牌缺乏粉丝支持，没有知名度与影响力，会很快被市场淘汰。

随着消费持续升级，再加上消费群体年龄层次的变化，品牌的反射弧变得更加明显。例如，“70后”消费群体更关心商品的性价比，“80后”消费群体希望可以免费获得一些东西，“90后”“00后”新一代消费群体则更倾向于付费产品，认为免费没好物，付费得到的才是最好的。对于零售企业来说，在其开发零售渠道，为消费者提供产品的过程中，首要任务就是做好粉丝群的建设与运营。

在互联网环境下，即便一个很小的事件，其影响力也可能被无限放大。在这种情况下，企业遭遇危机的可能性不断增加，当然，遇到的发展机会也越来越多，而且这些机会非常多元化。

以飞天茅台为例，飞天茅台曾推出一款“幽蜜”利口酒，在电视剧《欢乐颂》中做了广告植入，迅速传播开来，一天的销售额就达到了2亿元。在这场营销活动中，飞天茅台将自己固有的品牌形象与剧中五个女主角的性格连接在一起，让一些年轻的女性观众达成了共识，从而打造了一个爆款产品。

未来，如果零售企业继续使用传统粗放的营销方式，会丧失大量机会。7-ELEVEn的创始人提出这样一个理论：产品的生命周期像富士山，前期会慢慢上升，到达顶点之后会慢慢下降。进入信息时代后，产品的生命周期变化不再像富士山的升降那样平缓，而是变得直上直下。

目前，中国市场有非常广阔的发展空间，消费者的消费层级更加丰富，消费选择也更多元化。在这种情况下，如果零售企业继续使用传统的营销方式，很难捕捉到市场发展动态，更无法根据市场发展动态提供商品。所以，零售企业亟须变革，寻找并创造新的营销方式，对消费群体进行精准定位，让商品更加精准地触及消费者，从而打造一个爆款产品。

在新零售环境下，零售企业开始跨界竞争，而跨界竞争的对象就是消费者的总时间、总消费以及产品的总资源。在这种情况下，零售企业要思考如何利用消费者的周边，与其日常触点建立联系，向他们传递企业信息，完成消费转化。

精准营销：全域触达与深度运营

在传统营销模式下，品牌会建立消费者库，但这种消费者库存在很多问题。首先，消费者库储存的信息比较片面，只有消费者的年龄、性别、联系方式等基本信息；其次，消费者库没有为品牌建立一个可以直接和消费者产生联系的通道。

利用近年来出现的各种信息技术，零售企业可以对消费者建立多层次、立体化的了解，对其进行微立化解构。这就要求零售企业不仅要获得消费者的基本信息，还要了解消费者的消费逻辑，理解消费者关系的流转。

例如，淘宝平台上的一个消费者，如果只按照性别、年龄等基本信息对其进行解构，最多只能添加10个标签，但事实上，这位消费者可建立几千个标签。只要企业获知他的消费行为，就能据此推算出他的购物偏好和购物需求。这样一来，淘宝就能根据消费者的需求与喜好为其推送不同的商品，创建不同的场景，实现精准化营销。

现阶段，如果零售企业继续使用传统媒体，如纸媒、广告等传播营销信息，信息传播速度就会远远落后于使用新媒体的企业，转化率自然极低。如此看来，新媒体成为零售企业广告投放的必然选择。

近年来，虽然新媒体渠道层出不穷，但为了保证广告投放效果，零售企业要根据自己的目标消费群体寻找最合适的渠道。例如，某企业的目标消费者是微博重度用户，微博就成为企业投放广告的首选。在新媒体环境下，零售企业必须谨记一点：只有在正确的时间、地点以正确的方式投放广告，才能获得更高的转化率。

未来，不同媒体之间会相互联动，开展精准匹配。目前，在阿里巴巴的业态中，这种联动已经出现。例如，用户在淘票票购买电影票，会获得天猫的代金券。

全域触达与营销实现的基础有两个：第一，零售企业对消费者的立体化认知；第二，联动圈子不断扩大。以此为基础，零售企业可以开展ID运营，为消费者提供独一无二的产品与服务，让其享受到定制化、个性化的购物体验。

在这方面，未来，零售企业大有可为。以会员制为例，目前，国内零售企业为会员提供的服务只是简单的积分兑奖或享受折扣。未来，零售企业可以为会员提供一个独特的ID，让其享受到独一无二的体验。

2017年初，阿里巴巴收购了银泰百货。此后，阿里巴巴将淘宝、天猫两个线上平台与银泰的会员打通，以此为基础发掘出具有高消费潜力，对银泰有着较高忠诚度的消费者，授予其更大的权益。同时，阿里巴巴以这些消费者为核心对供应链进行优化，对商品品类进行调整。虽然大部分消费者都没有感觉到变化，但事实上，银泰商场的后端已经发生了彻底变革。这种会员制改革不仅促进了银泰商场的发展，还优化了顾客体验，与顾客建立了更加紧密的联系，做好了顾客维系工作。

自动决策：构建数字化信息系统

未来，零售企业数字化的目标就是实现信息系统的智能化。例如，店长查看过去的订单时，系统可为其提供一些建议，店长只需根据这个建议，结合个人经验稍作调整即可。未来，在数据实现互通之后，利用不断提升的算法，补货完全可以实现自动化、智能化。

再如门店选址。目前，对于国内的零售企业来说，店长非常重要。因为店铺尚未建立起中心化的管理流程，门店选址在很大程度上依赖店长的经验与个人能力。但未来，利用先进的信息技术与大数据，对各种信息进行整合，如根据地图数据，对不同点之间的人流热力进行计算，对周边小区居民的消费趋势进行分析，可以做出更科学的选址决策。

类似的应用还有货架的陈列管理、货品管理等。根据国家相关管理规定，食品包装袋上的成分信息与食品真正的成分必须一致，否则商家就会受到处罚。但一家超市的SKU成千上万，人工比对不仅成本高、效率低，而且效果极差。如果可以通过人工智能进行检测，就能极大地提高比对效率，降低人工成本，同时降低企业的经营风险。

另外，末端配送也能通过智能化的方式提高配送效率，用最少的时间配送最多的订单，实现配送效益最大化，同时在最大程度上提高客户的购物体验。总而言之，只要智能化的成本在可接受的范围内，零售企业就能通过智能化突破发展瓶颈，进入新的发展阶段。

（1）网络协同下的效率提升

“网络协同”指的是产业链各主体同处一个平台，协同工作。在互联网的下半场，在数据打通之后，零售企业竞争的焦点就变成了最佳的效率配合与效率提升。

过去，品牌制造商与提供方要想了解消费者需求，需要一个逐渐渗透的过程，信息传递需要经过一个非常复杂的流程。并且，在传递过程中，大部分信息已经失真。在这种情况下，品牌方很难根据市场数据设计产品、组织生产。

但在数据驱动下，在产品研发、生产、物流、销售的整个过程中，品牌方都能实时接收市场的需求信息，从而有计划、有依据地组织产品更新。以特步为例，特步创建了一个数据驱动的底座，可以和生产研发工厂共享当季的市场数据，从而缩短发货周期。

（2）基于技术赋能的新商业生态

未来，随着产业级数据打通、能力输出，企业运营效率将得以大幅提升。在企业级数据业务中台，企业可以以数字化为基础，通过智能化技术的应用提高效率。之后，在产业级及业务中台，如果企业愿意与上下游合作企业共享库存与产能，就能提升整体运作效率，实现合作共赢。

CHAPTER 5
区块链+零售：重塑零售体验与效率

5.1 区块链技术在零售领域的落地与实践

基于区块链技术的新零售生态圈

目前，区块链技术在新零售行业实现了广泛应用，从优化区块链管理、消费者身份确认、商品溯源三个方面为新零售赋能。事实上，早在比特币出现之前，区块链的相关技术就已经出现。只不过当时的区块链技术尚未形成体系，是比特币将各种区块链技术整合到一起，形成了一套系统、完整的区块链技术体系。

在区块链颠覆互联网的能量未展现出来之前，区块链技术就已在零售领域有所应用。在这个方面，有类似阿里巴巴的互联网巨头在有目的、有计划地推进。

◆ **区块链：数字化供应链转型的关键**

利用区块链技术构建数字化供应链是零售业领域，尤其是全球跨境供应链管理与流通领域的一项延伸性技术创新。

因为区块链技术具备分布式记账功能，数据不可篡改，所以从根本上消除了多环节信息孤岛带来的不确定风险，如贪腐风险等。在跨境供应链管理方面，这是一种更精妙的应用。在区块链技术的支持下，商品全球链路可追踪技术更加精准。通过分布式记录，商品生产、运输、通关、报检、第三方检验等整个过程中的各项信息全部被加密，无法更改，而且每个流程都能被追踪、被监控。

除对传统的纸张作业进行数字化改造之外，区块链技术还能消除不同系统间的信息不对称现象，使数据交换、供应链作业流程得以简化。例如，区块链对国际贸易中的承兑汇票业务进行数字化改造，提高了业务效率，加快了数据交换速度，对数据进行加密，使数据更安全。

◆ 构建自由、公开、安全的交易市场

全球知名的去中心化商品交易市场Open Bazaar尝试利用区块链改造电商，希望构建一个更严格、更安全的零售交易平台。Open Bazaar是一个开源的对等网络，商品买卖基本可以通过数字货币进行，完全存在于用户网络，零费用，无须担心平台过多地收集用户信息导致信息泄露。

俄罗斯的INS围绕区块链技术提出一个新概念——INS生态系统，希望避开零售商、批发商等中介让消费者与制造商建立点对点连接。INS是全球第一个支持消费者用低价直接向制造商购买杂货的分布式生态系统。在这个系统中，所有生产商都能销售产品，获得消费者反馈，对高忠诚度的消费者给予奖励。目前，在全球排名前20的快消品公司中，有7家对INS平台产生了兴趣，其中联合利华已经与该平台达成了合作意向。

◆ 创造更便利、更安全的零售生态

区块链的作用不只是改造供应链，建立更加自由、公平的市场，还能创建一个更便利、更安全的零售生态。

（1）重新定义优惠券。Gatcoin利用区块链技术提出一种优惠券与积分解决方案，即企业用加密货币代替传统的优惠券与积分。Gatcoin为企业提供了先进代币、折扣代币、礼物代币、积分代币等不同类型的加密货币，消费者可以在不同商家使用同一种代币，在这个过程中，商家还能获取消费者的购物数据，如购物偏好、购物记录等，为零售企业决策提供有效支持。

（2）共享资料库。很多大型连锁零售企业的店铺分散在全国各地，如果遭遇意外，纸质记录保存的数据极有可能彻底损毁。但如果将这些数据收录在区块链分布式数据库中，无须担心数据会因意外而损毁。并且，其他人很难通过特定入口进入区块链数据库，使数据安全得到了强有力的保障。

（3）智能合约。两大公共区块链平台——以太坊（Ethereum）和Eris Industries在智能合约领域进行了深入探索。因为区块链是在不可篡改的数据的基础上建立起来的，所以可以设立智能合约，自动执行一些提前设定好的规则。

区块链在零售中的四大场景应用

区块链技术的流行离不开比特币的带动，在不知不觉中，看似遥不可及的比特币技术已经融入人们的日常生活。但对于区块链技术，人们还存在很多疑问。即便如此，区块链给人们的工作、生活带来了诸多益处已成不争的事实。

具体来看，随着区块链技术进入零售行业，零售行业的库存管理、产品安全、数据管理、转换支付四大领域将得到显著改善。

◆ **库存管理**

对于零售企业来说，做好库存管理非常重要。首先，库存管理要明确库存位置，在供应链、店铺还是在线？其次，库存管理要将商品库存与正确的客户群体建立链接。即便零售企业只能解决第一个问题，也能获得巨大的利润。对于消费者来说，在购物过程中最难过的事情莫过于来到商店，却发现心仪的商品已经销售一空。区块链技术在零售行业的应用可使这些问题得以有效解决。

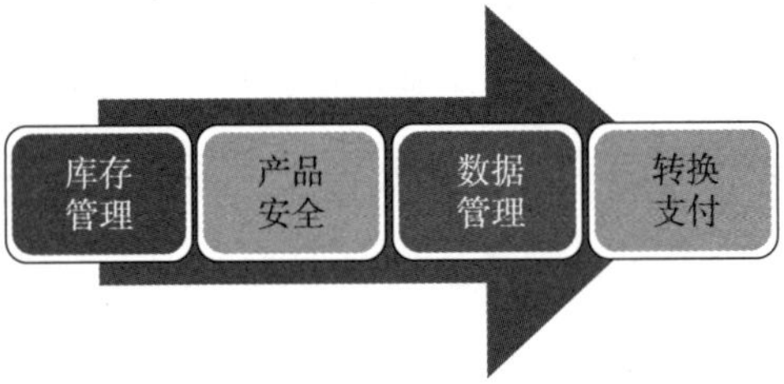

图5-1　区块链在零售中的四大场景应用

在区块链技术的支持下，只要做好与用户的互动，如引导用户扫描条形码、进行视觉扫描等，每件商品都能被追踪。在区块链技术追踪实体货物方面，为了保证追踪效果，系统必须有效，系统本身必须具备狙击假货的能力，而且对于不同的货物要使用不同的追踪方法。

◆ **产品安全**

既然区块链可以追溯产品源头，那么能否解决频频发生的蔬菜召回事件呢？在回答这个问题之前，我们先看一个亚马逊的案例。亚马逊曾出现过一起电动平衡滑板车爆炸事件，事件发生后，亚马逊利用区块链追踪商品源头，在第一时间为顾客解决问题，重新获取了顾客信任，并有效避免这类事件再次发生。所以，借助区块链技术，零售企业可以为蔬菜召回事件提供有效的解决方案。

除食品外，很多奢侈品也假货横行，尤其是服装、化妆品等。根据法律规定，转卖商品不属于违法行为，所以代购泛滥。但非授权的经销商无法保证产品的监管链，导致消费者极有可能买到过期商品或假冒伪劣商品，给品牌形象造成严重的损害。如果这些奢侈品品牌可以利用区块链对商品进行追踪，对数据库中的信息进行整合，将商品流转过程中的所有数据记录下来，一旦发生纰漏，就很容易定位到具体的环节，切实保证商品安全。

◆ **数据管理**

用户数据极易丢失是零售企业的通病。在大数据时代，公司掌握用户数据之后，可以通过对数据挖掘与分析获知用户需求，带给用户更极致的购物体验，但用户数据丢失、隐私泄露是困扰企业的一大难题，也是用户最担忧的问题。利用区块链技术，这一问题可以妥善解决。用户数据记录在区块链上，用户可以使用私钥进行查看，用户自己掌握数据，无须担心数据泄露。

◆ **转换支付**

2014年，Overstock公司接受比特币支付，成为首批接受比特币支付的零售商之一。现阶段，接受加密货币作为支付方式的零售商越来越多，但数字钱包、加密支付货币要想成为零售行业最主流的支付方式还需要一些时间。

因为加密货币的价值不稳定，变动较大，所以大部分在线零售商仍倾向于使用传统的支付方式，这意味着在线支付还有很大的发展空间。

引入加密货币支付之后，零售商不仅可以获得额外的收入来源，还能扩大自己的客户群体。除此之外，借助区块链技术，零售商还能对优惠券或折扣的分配方式及兑换方法进行合理控制、妥善安排。例如，万事达卡开发了一个利用区块链验证优惠券的系统，并为该系统申请了专利。零售商引入这个系统之后，可减少优惠券欺诈事件的发生概率，有针对性地发放优惠券，推出折扣活动。再如，美国运通公司利用区块链技术改进自己的忠诚度奖励计划。总而言之，在区块链技术的各种应用场景中，简化在线支付流程、减少欺诈事件的发生是最有希望实现的场景。

Research And Markets.com发布的一份报告显示，到2023年，零售市场中的区块链规模将增至23亿美元，复合年增长率将达到96.4%。在区块链相关行业中，这是区块链增长率最高的一个行业。目前，区块链技术的研发与应用尚处在起步阶段。随着区块链技术继续发展，得到世界各大零售商的广泛认同，其对传统零售业的颠覆作用将充分发挥出来，对区块链应用程序的需求将不断增长。

区块链驱动的零售企业技术创新

区块链的运营模式要做到将每一个商业元素与商业参与者和区块链的特性结合在一起，将每个参与元素数字化，创建一个标准化的平台，将信息统一起来，实现共享。在这个过程中，区块链要解决信任问题、安全问题。为此，零售企业要进行三大技术创新。

（1）非对称加密和授权技术。区块链上的交易信息具有公开性，但账户身份信息是加密的，只有得到授权才能访问，为数据安全与用户的个人隐私安全提供了强有力的保障。

（2）智能合约。智能合约以无法篡改的数据为基础，可以自动执行一些预先设定好的规则与条款。以保险为例，如果每位投保人的信息都真实可信，那么一些标准化的保险产品就可以引入智能合约进行自动理赔。

（3）共识机制。共识机制就是让所有记账节点达成共识，认定一个记录的有效性，防止信息和数据被篡改。区块链提出了三种共识机制，适用于不同的场景，在效率与安全之间达到了平衡。

例如，比特币使用的是工作量证明，要想伪造一条不存在的记录，需要控制全网51%以上的记账节点。如果一个区块链的节点过多，这个操作根本无法实现，从技术层面杜绝了造假事件的发生。

只有基于上述三种技术创新，才能将现实世界中的商品目标、商业活动、参与主体转化到区块链中，促使三者实现良性互动，才有可能做到分布式记账。

简单来说，区块链记账就是将数据分散化，由分散在不同地方的节点共同进行交易记账，每个节点都能记录一个完整的账目，都可以对交易过程进行监督，为交易的合法性提供证明。与传统的中心化记账方式不同的是，在区块链分散化记账方式下，没有一个节点可以单独记账，从根源上杜绝了记假账情况的发生。再加上，因为记账节点非常多，从理论上讲，没有人可以破坏所有的记账节点篡改或删除账目，为账目数据安全提供了强有力的保障。

通过这一点我们还能看到区块链的优点：只要节点足够多，就不会发生数据丢失现象，最大程度地保证了数据安全。就好像只要账本足够多，如一个组织有100个人，每个人都有一个账本，不可能出现100本账本全部丢失的情况。另外，因为人人都有账本，所以整个行业的成本就会下降，效率会得到明显提升。同时，在区块链环境中，各项资源都可以实现优化配置，从而催生了一种新的商业运营模式。

在新零售环境下，区块链是零售企业变革发展强有力的工具，必将在整个零售行业得以广泛应用，尤其是电子商务领域。所以，在区块链快速发展的形势下，零售企业应紧抓机遇，因势利导，促进自身更好地适应新零售环境，实现更好地发展。

在未来的经济发展中，区块链技术将爆发出巨大的能量。目前，适合区块链技术应用的场景有很多，包括物联网、安全验证、多方交易等。未来，区块链技术将在共享经济、反洗钱、产权保险、分布式电力、现金结算等领域实现广泛应用。作为一种互联网底层技术，区块链将对互联网变革过程产生深刻影响。随着互联网成为零售业变革的主要推动力，区块链推动零售业变革的时间与程度都将超乎想象。

区块链技术面临的四大问题

目前，国内的区块链技术处在初步发展阶段，共识算法、加密算法这两大核心技术都有待优化与完善。再加上，主流的区块链技术平台多源于国外，国内企业要想引入这些平台，必须投入大量的时间与精力对其进行改造。因为发展速度过快，区块链行业出现了很多问题，有些问题对区块链行业的发展产生了非常不利的影响。

图5-2　区块链技术面临的四大问题

◆ **行业标准问题**

目前，关于区块链的定义，业内尚未达成共识。由于区块链的概念缺乏清晰统一的界定，缺少权威机构的评定，所以区块链项目在谈判、实施的过程中经常出现各种问题，区块链很难实现大规模推广应用。市场上现有的区块链应用良莠不齐，无法对产品质量做出科学、合理的评价。

在这种情况下，行业亟须建立一套标准明确区块链的内涵与外延，明确评判方法，引导区块链市场健康发展。但考虑到区块链技术仍处于创新发展阶段，应用场景仍需探索，过早地制定标准会对区块链技术的创新与行业发展产成一定的制约。所以，为适应区块链行业的发展，要立足于用户的真实需求，通过对某个区块链系统与用户需求的匹配度进行测试，制定区块链标准，开展功能与性能测试的“黑盒”标准化，不要过早地制定区块链技术规范，以免限制区块链发展。

◆ **交易风险问题**

现阶段，火热发展的区块链技术不仅吸引了社会大众的目光，也引起了不法分子的关注，成为不法分子进行欺诈的工具。近年来，市场上出现了很多虚假的数字货币，他们打着数字货币的旗号，利用门户网站、微博、微信、贴吧等渠道进行宣传、招商，开展传销、诈骗等活动，更有甚者利用虚拟货币交易平台开展线上交易与炒作，进行非法集资。这些假数字货币不仅使投资者的经济利益受损，还使区块链技术的口碑与形象受损。这些被欺骗的社会大众认为区块链技术就是一个“骗局”，给区块链技术的正常发展造成了一定的困扰。

2017年9月4日，中国人民银行、中央网信办、工信部、工商总局、银监会、证监会和保监会联合发布了《关于防范代币发行融资风险的公告》，明确了代币发行融资活动的性质，“代币发行融资活动本质上是一种未经批准非法公开融资的行为”。

2017年10月5日，国务院办公厅围绕供应链创新与应用发布指导意见，提出要对区块链、人工智能等新兴技术进行研究、应用，以供应链为基础建立信用评价机制。一系列政策的发布将区块链技术与金融活动区分开，让人们认识到区块链技术与代币是两种不同的事物，并为区块链技术的发展指明了方向。

◆ **技术安全问题**

随着越来越多的资本涌入区块链行业，区块链技术的发展速度越来越快。在这种情况下，人们忽略了一个非常严重的问题——区块链的技术安全问题。从理论上来讲，区块链技术非常安全，可信度非常高，但在实际应用过程中，区块链技术很难达到预期的效果。

例如，在账本模式的账务类区块链系统中，私钥是用户身份的唯一凭证。但在实际业务开展的过程中，需要将私钥与消费者的社会身份绑定，私钥的保管权要交给区块链系统运营方。在这种情况下，私钥管理的安全问题就成了重中之重。更重要的是，仅凭区块链技术，这种安全问题很难得到有效解决，需要区块链系统外部提供助力。

◆ **市场监管问题**

区块链具有去中心化的特点，消除了传统中心化的经济结构中的很多问题，但这并不意味着去中心化是完美的。去中心化的问题在于主体不明确，无法对主体进行有效监管与控制。例如，席卷全球的勒索病毒事件；犯罪分子以比特币为交易赎金，给警方追查造成了极大的困难等。

但也正是因为区块链的消息同步，容易接入，可以共享，所以监管机构可以作为其中一个节点接入网络，获取最新的、最完整的监管数据，避免数据造假情况出现。所以，在区块链监管方面，政府很有可能放弃传统的行政命令方式，让监管机构参与到供应链系统中，成为其中一个节点。对于政府来说，区块链技术的合理应用可增强监管力量，尤其是使用智能合约进行合规性审查，可以利用区块链公开透明、自动化运行等特点，降低审计成本，缩小监管范围。

总而言之，从本质上看，区块链就是一个去中心化的巨大账本数据库，改变了记账方式，将中心化的记账方式转变为分布式记账。区块链在零售行业的应用可以构建一个可信任分布式商业生态环境，这个生态环境既可以实现自我循环，又可以向外拓展。在这种生态环境下，企业之间的合作变得更简单、更高效、更低成本，同时，各方资源可实现有效整合，创造更多的经济价值与社会价值。

更重要的是，每个市场主体都可以参与到区块链中，在其中找到属于自己的位置，释放自己的能量，获得相应的报酬，实现自身价值。虽然区块链在发展过程中表现出了一些问题，区块链技术与行业的发展面临重重障碍，但无论如何，区块链正在改变世界，将重新定义世界已成为不争的事实。在这种情况下，将区块链引入新零售是明智之举，也是必然之举。

【案例】Kao铺：基于区块链的食品供应链

Kao铺是一家餐饮企业，成立于2015年，从2017年8月开始，Kao铺与自己的供应链联合，试图在区块链与虚拟货币的基础上打造一个食品供应链。

餐饮店经营是Kao铺的主要业务。Kao铺餐饮店主要经营烤制品，可以堂食，可以外卖，曾在饿了么、美团外卖经营外卖业务，之后借助微信平台运营自己的客户。目前，Kao铺微信端有120万名用户，北京地区的分店有40多家，月销售额达到了2000万元，SKU有20多种，合作的供应商有

40多家。在这40多家供应商中，食品供应商占比最大，为Kao铺提供包括肉类、包材类、饮品、速冻食品、米类等在内的各类用品与食材。

在传统的食品供应链中，每个链条节点的记录都需要人工执行，数据非常容易被篡改，导致溯源数据不准确，食品安全问题无法得到有效解决。针对这个问题，Kao铺自行研发了一套可以在食品供应链应用的区块链技术，希望将其植入供应链各个节点的商家系统中，并向商家发行自己开发的虚拟货币——享币。在这种模式下，Kao铺担任了两个角色，一个是区块链技术的提供者，另一个是享币银行，与Kao铺合作的供应链商家就是享币的矿机。

在国内，很少有企业、机构将区块链技术用于食品安全，在这方面，Kao铺做出了表率。如果Kao铺的这一尝试成功，就会吸引很多企业、机构争相效仿，应用场景可能有所不同，但潜在的竞争者依然存在。餐饮企业要想在激烈的市场竞争中创建竞争壁垒，除在食物口味、餐厅服务、供应链等方面努力之外，还要扩大规模。所以，在将区块链模式推广开来之后，Kao铺开始专注于扩大餐厅规模，获取更多用户。Kao铺吸引用户的方法就是会员制，让用户缴纳会员费成为会员，所有餐品都可以享受成本价。

因为区块链可以对资源、信息进行共享，所以餐饮行业引入区块链技术之后，相同或相似的餐饮店之间的关系会从以前的竞争对抗转变为开放共享。例如，消费者中午在一家面馆吃饭，吃饭的过程中通过互联网发现隔壁有一家米线店，下次就有可能去这家米线店消费。在这种模式下，店家要在产品口味、原料、服务方面投入更多时间与精力，力求带给消费者差异化、个性化的消费体验，获得一个更开放、更良性的结果。

5.2 区块链技术在商品溯源中的场景应用

S2B新零售模式落地的重要支点

在新零售环境下，零售模式变化速度越来越快。市场上每出现一个新的销售运营理念或概念，就会引发一场热议，吸引一部分商户以新理念为指导进行调整与升级，与新的发展形式相适应。

近年来，市场上出现了一种新的商业模式——S2B（Supply chain platform to Business）模式，该模式被认为是5年来最先进的商业模式。随着新零售快速发展，区块链将成为S2B模式落地的重要支点。

进入互联网时代以来，各行各业都发生了一定的改变，其中，零售行业是变化最大的一个行业。在这个时间节点上，S2B模式的出现恰如其分。可以说，S2B模式就是零售行业发展到一定阶段的必然结果，是时代的产物。

准确地说，S2B模式是S2B2C模式，其中S指的是供应链平台，B指的是商家。S2B2C的意思就是数据化的供应链平台与千万个直接服务客户的商家，以人的创造性与系统网络的创造力为基础，以较低的成本与用户开展有效互动。简单来说就是供应链平台（S）与商家（B）共同为用户

（C）服务。这里的共同服务有两层含义。

（1）商家为用户服务时必须调用供应链平台提供的某种服务。供应链平台不能只提供SaaS化工具，必须以对上游供应链的整合为基础提供某种增值服务，才能辅助商家更好地为用户服务。

（2）对于供应链平台来说，商家为用户服务的过程必须透明，而且要实时反馈，只有这样，供应链平台才能提高对商家的服务水平。为了做到这一点，首先，商家为用户服务的过程要实现在线化；其次，供应链平台与商家要通过在线化、软件化实现自动协同，更好地为用户服务。例如，S为B提供商品，但没有参与B服务C的过程，这个模式就不是S2B2C。

在S2B模式即将成为零售行业主流模式的形势下，从宏观角度对该模式进行分析。在新零售时代，区块链为零售行业的发展与突破提供了一个很好的方向。从该模式的范式要求来看，消费决定生产是该模式的核心，而生产需要一个强大且科学的供应链系统为支撑。在新零售环境下，区块链的应用将产生诸多益处。

具体来看，区块链有以下特点：

★去中心化/去中介化的信任系统本身就非常真实，无须外在主体介入做信任背书。

★开放。系统具有开放性，除交易主体加密的私有信息外，区块链中的数据高度透明，所有人都可以访问、获取。

★自治。人为活动很难对区块链产生干预，在很大程度上减少了外来的逆向干预。

★信息不可篡改。区块链上的数据只能增加，不能修改，导致交易公开透明，信息不可篡改。

★匿名。交易各方无须为了获取对方信任公开身份，可以很好地累积信用。

基于上述优点与特性，区块链技术为商品溯源问题提供了有效的解决方案。目前，商品溯源面临以下问题。

（1）商品溯源最好追溯到生产环节，记录商品的生产环境。如农产品，在溯源时最好记录农药施用情况、农作物的光照时间等。如果能将这些信息全部记录下来，就能在很大程度上增强消费者对商品的信任。

（2）信息记录在一个单一的系统中，因为该系统是一个中心化的系统，很有可能出现某个主体为了牟取私利篡改数据的情况，导致消费者对商品、品牌、企业的信任度下降，产生信任危机。

（3）商品供应链存在信息孤岛问题。一般情况下，一个供应链往往存在多个信息系统，这些系统之间很难交互，导致信息核对困难，数据无法实现均衡交互。为了弥补多个系统交互问题，企业不得不在线下进行核对与检查，耗费大量人力、物力。

（4）目前，信息泄露比较严重，消费者隐私得不到有效保护，对商品购买安全产生担忧。

对于上述问题，区块链技术提供了有效的解决方案。

通过区块链多方参与共同维护同一个数据源的方式，想方设法吸引更多供应链主体参与。参与者越多，共同维护的数据就越多，带给消费者的数据信任基础就越强。因为区块链具有去中心化的特点，分布式网络可以解决中心化系统存在的各种问题。同时，还能防止人为篡改数据或数据意外丢失等情况发生。

多方共同维护同一个数据源打破了系统间的信息孤岛。另外，在隐私保护方面，区块链技术可以采用一系列技术保护用户隐私，如混币、环签名、同态加密、零知识证明等，使消费者的信息安全得到更有效的保障。

基于区块链的商品全程溯源系统

从2018年开始，区块链技术的热度持续高涨，吸引了各界人士的高度关注。区块链可以改变生产关系，对各行各业产生深远影响，但因为区块链对不同行业的影响程度不同，所以，区块链是否进入了商业化应用的关键阶段尚不可知。

从商业的本质来看，一种技术能否实现商业化应用，关键在于这种技术能否产生价值，如能否提高效率、提升用户体验、保证质量、增强保密性等。除此之外，还要关注这种技术产生的价值是否高于其成本，这里的成本包括上链成本与交易时间成本等。

目前，区块链技术在新零售领域的应用更多的是在供应链领域的应用，也就是利用区块链技术对商品进行全程溯源，防止假冒伪劣商品出现，或在出现假冒伪劣商品时立即找到源头，从根源上解决这一问题。

在供应链不同节点，商品流通具有一致性与可追溯性，但因为流通的商品是实物资产，不是虚拟资产，所以必须先对商品进行数字化处理。而实物资产的数字化需要采取很多措施，而且要保证上链真实。甚至在某些特定的场景下，链上、链下要保持同步，这些都是区块链技术应用的难点。现阶段，解决这一问题最有效的方法就是与物联网结合，具体来说，就是利用RFID技术赋予商品可识别性，让商品初步具备智能化的特点。

很早之前，零售企业就开始利用RFID技术打造高透明度的供应链。现阶段，与区块链技术相结合，进一步保证了商品从物理世界向虚拟世界映射的透明度与安全性。因为在区块链技术的支持下，分类账上的货物或商品转移被登记为交易，使生产链管理各参与方的信息、产品产地、产品生产日期、产品价格、产品质量等得以确认。

除此之外，因为分类账呈现出分散式的特点，所有权没有掌握在任何一方手中，所以不会出现某一方为了牟取私利篡改数据的情况。再加上，所有交易行为都经过加密，不可更改，所以数字分类账本很难遭到破坏。所以，将区块链技术与RFID技术结合在一起，不仅可以打击假冒伪劣产品，还能增强供应链的安全性，提高客户对产品供应链的信任。

一方面，只要产品保管方变更，就必须重新对带有RFID标签的产品进行扫描。每扫描一次，RFID芯片和后台密码就会更新一次，系统中的地理信息也会随之更新。另一方面，消费者购买商品时可以使用带有RFID阅读器的智能手机对商品携带的RFID标签进行扫描，获取供应链信息，谨防买到假冒伪劣商品。除供应链信息外，消费者在扫描时还能获得产品产地、产品外观、制造商、保管地点变更等信息。

因为每件商品附带的RFID标签不同，而且标签会随着供应链更新、密码更改不断改变，很难被复制或伪造。无论打开产品还是移除标签，都会导致标签失效，使商家无法将其用作非法目的。

除此之外，在物联网的支持下，供应链各主体的数据可自动上传。同时，借助区块链技术与智能合约，供应链各主体的数据可完整地保存下来，保证数据公开、透明、可追溯、不可篡改，为防伪溯源、监管提供了极大的方便。

由此可见，将区块链技术与物联网技术相结合引入新零售供应链具有一定的优势。但这种做法是否会导致成本增加？会增加哪些实现成本？增加的价值是否比实现成本高呢？

（1）供应链各主体必须具备RFID信息自动化上传功能，必须配备相应的物联网设备。目前，对于中小型供应商和中小型流转点来说，这个要求很难满足，由此产生的成本需要时间和利益补偿来分担。

（2）对于最终的受益者——末端消费者来说，必须拥有一部带有RFID功能的智能手机，在一定程度上增加了消费成本。所以，RFID技术被普通消费者接受、使用还需要很长一段时间。

（3）目前，区块链人才短缺，区块链系统构建需要消耗大量的时间与资金。虽然，目前无法对区块链产生的价值与增加的成本进行准确的量化评估，但也不能贸然得出价值大于成本的结论。从长期看，借助去中心化的信任机制，区块链将颠覆传统的连接方式，改变传统的生产关系。未来，新的连接方式与生产关系将对包括零售业在内的各行各业产生深远影响。

区块链在商品溯源中的实践应用

因为区块链采用的是中心化分布式数据库，开展点对点交易，可能使零售业原有的业务体系被颠覆。零售业原有的业务体系是从商品原产地经交易平台到终端消费者，在区块链技术的作用下，整个业务流程可能跨过中间的零售平台，直接从商品原产地到终端消费者，开展点对点交易。

既然区块链技术能对商品生产、制作、出厂、销售的整个流程进行追溯，品牌商就能借此获知每件商品的流向，了解终端消费者的分布情况。从这个层面来说，品牌商可以直接、精准地触达每一位终端消费者，实现产销直通。

产销直通就是无限缩短消费者与生产者之间的距离，为个性化定制、针对性服务的实现提供可能。以自由、公开、安全加密的区块链平台为依托，未来，品牌商极有可能取代传统零售平台中心，与消费者建立连接，完成商品的最终交付。

2017年8月8日，天猫国际全面启动全球溯源计划，利用区块链技术、大数据技术、药监码技术对商品在供应链流通的整个过程进行跟踪，对商品生产、运输、通关、报检、第三方检验等信息进行整合，保证每件跨境进口商品都有完整、详细的“身份”信息，以保证商品安全，提高消费者的购物体验。

利用区块链技术打击假冒伪劣商品，也是目前零售领域关注的重点话题。例如，唯链（VeChain）利用区块链技术为红酒市场赋能，结合物联网技术，在产品溯源、产品防伪方面取得了革命性进展，为红酒辨别难问题提供了有效的解决方案，使红酒市场假货横行状况得到了改善。

此外，区块链能将文书作业数字化，简化工作流程，减少无效率作业，减少生鲜果品在运输过程中因无效率而腐败变质的情况出现；区块链技术可以提高供应链的共享化、可视化程度，减少库存变化，提高订单处理效率，降低出货成本。

为保证食品安全，沃尔玛食品安全协作中心与IBM研究院、清华大学合作，利用区块链技术打造了一个食品溯源体系，并将该体系在中国市场试用，通过对食品供应链进行数字化管理，为中国猪肉产业供应链的食品安全提供了有效保障。

2017年5月，沃尔玛中国、IBM与金锣携手完成了区块链追溯体系的猪肉试点验证性测试，利用区块链技术对猪肉产品的生产、流转过程进行数字化追踪，并将追踪到的数据存储到统一的平台中。结果证明，在区块链技术的支持下，农产品追溯时间缩短到了2秒钟，要知道，在此之前，对农产品从农场到门店整个过程进行追踪需要几天甚至几个星期的时间。

2017年12月14日，由沃尔玛、京东、IBM、清华大学电子商务交易技术国家工程实验室共同发起的中国第一个安全食品区块链溯源联盟成立。在此之前，2017年6月8日，京东宣布成立“京东品质溯源防伪联盟”，与生鲜领域、消费品领域的品牌商合作，利用区块链技术构建京东区块链防伪追溯平台，通过联盟链对线上、线下商品进行追溯，防范假冒伪劣商品，切实保护消费者权益。

这项试验证明，区块链技术可以对食品外界的源头进行追溯。对于消费者来说，区块链技术的引入产生的最大好处在于提高了对食品安全的认知。沃尔玛引入区块链技术之后，一方面进一步提高了食品供应链的透明化程度，提高了消费者对食品安全的认知；另一方面可以对食品进行追溯，一旦发现食品安全问题可以立即追溯，在最短的时间内召回市场上的问题产品。

在引入区块链技术之后，消费者在京东平台购买商品，收到商品之后只要扫描商品附带的溯源码就能查询商品信息。如小A在京东平台购买了一份科尔沁牛肉，收到产品之后扫描牛肉附带的唯一溯源编码，可以查到牛肉的原产地、喂养饲料、加工企业、屠宰等信息，实现安全消费、放心购买。

区块链在物流供应链领域的应用

区块链技术可让数据实现一致存储，保证数据无法篡改、无从抵赖，从而建立点对点的信任，让价值传递避免中介干扰，从而提高价值交互的效率，降低交互成本，为价值互联网的构建奠定良好的基础。

区块链在各行各业应用的显著优势在于可以优化业务流程，降低运营成本，提高协同效率。基于这些优点，目前，区块链已在金融、物流、公共服务与供应链管理等领域实现了成功应用。

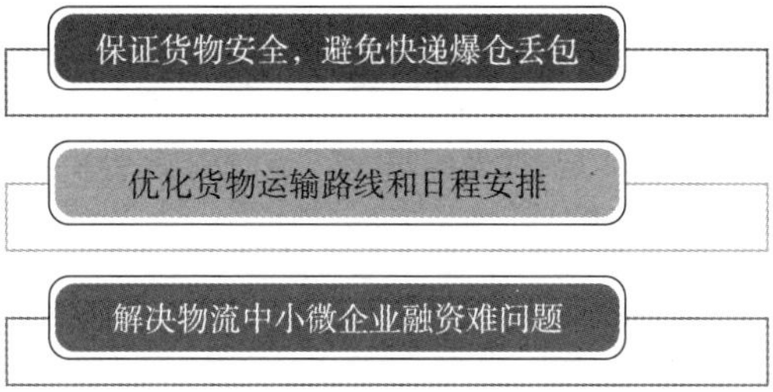

图5–3　区块链在物流供应链领域的应用

◆ 保证货物安全，避免快递爆仓丢包

近年来，我国传统物流行业发展速度极快，出现了一些迟迟未能解决的难题。为解决这些问题，快邮口岸科技在东莞保税仓储物流系统的3.0升级版本中，利用区块链技术对客户端、操作端进行重构，为物流效率低、丢包、爆仓、错领误领、信息泄露、物流业务链条长导致资源无法实现充分利用等问题提供了有效的解决方案。

在区块链基础平台的支持下，物流行业可提高资源利用率，减少中间环节，提高整个行业的运行效率，将资金流、信息流、物流等信息真实地记录下来。

区块链技术可以将货物发出到消费者收到货物的整个过程记录下来，创建共识网络。一旦物流过程中发生问题，就能立即定位到问题所在的环节，保证信息可追溯，避免快递丢包、爆仓、误领、错领等问题发生，真正落实物流实名制。

目前，一个全球化的区块链教育与标准开发行业组织——全球区块链货运联盟（BiTA）已经成立，吸引了通用电气运输集团、京东物流、毕马威等230多家企业加盟。

2018年3月初，沃尔玛向美国专利局申请了一项专利——“智能包裹”（Smart Package），一个基于区块链技术的更智能的包裹交付追踪系统。与这项专利技术伴生的还有一个记录包裹信息的设备，可记录包裹内容、包裹的位置信息、包裹所处的环境条件等。另外，“智能包裹”还有一个建立在区块链技术之上的无人机包裹寄送追踪系统，可实现对卖家私人密钥地址、快递员私人密钥地址、买家私人密钥地址等信息的加密。

2018年2月底，菜鸟网络与天猫国际联合发布基于区块链的防篡改的物流追踪数据。用户使用手机淘宝进入物流详情页面，点击底部的“查看商品物流溯源信息”，就能进入商品溯源页面，查看商品来源，保证商品来自正规渠道。

区块链最典型的特征就是数据不可篡改，通过商家、海关等上传的数据，消费者可以对自己购买的商品的各项信息进行多方面认证，保证商品来源真实可靠。在区块链中，商家很难对数据进行造假，从一定程度上预防了假货的出现。

同时，快递交接需要双方私钥签名，快递员与快递点都有自己的私钥，包裹的交付情况可通过查询区块链获知。如果顾客没有收到包裹就没有签收，快递员无法伪造顾客签名。通过这种方式可以杜绝快递员伪造签名导致包裹丢失的现象，从而减少顾客投诉。

◆ 优化货物运输路线和日程安排

在国外，区块链技术的应用已渐成规模。正如我们看到的一样，区块链正在改变世界。例如，在集装箱智能化运输方面，将集装箱信息存储到数据库中，区块链的存储解决方案会自动对集装箱的运输路线与运输时间做出安排。除此之外，引入区块链技术之后，集装箱还能通过分析、学习过往的运输经验，提高自己设计运输路线、安排运输时间的能力，使运输效率不断提升。从收货人的角度看，在区块链技术的支持下，收货人可对集装箱的运输流程进行追踪，直至收到货物。另外，区块链技术还能干预整个集装箱的调度程序，必要时对程序进行更改。

◆ **解决物流中小微企业融资难问题**

随着电子商务迅猛发展，我国物流供应链行业进入了快速发展阶段，一批大型物流企业崛起，这些企业大多具备较强的供应链管理能力。但物流供应链上的企业多是中小微企业，企业信用等级较低，还有一些企业根本没有信用评级，无法向银行等金融机构申请贷款。区块链技术的应用为中小微物流企业融资难问题提供了有效的解决方案。

区块链技术在物流行业的应用使物流商品实现了资产化。因为区块链技术记载的资产信息无法更改，不可伪造，所以信息化的商品可以实现价值化、资产化。商品的唯一所有权固定下来，使所有物流链条中的商品可追溯、可证伪。以区块链基础平台为依托，资金可快速进入物流行业，使中小物流企业的营商环境得到有效改善。

【案例】京东：让快消品实现终极溯源

经过多年的探索与实践，区块链技术在金融行业的应用取得了极大的成功。除金融行业之外，区块链技术可以影响、改变的行业还有很多，零售业就是其中之一。目前，不只科技巨头掌握着区块链技术，一些创业公司也开始利用区块链技术推动自身发展，还有一些零售企业利用区块链加密技术、分布式数据库等拓展发展空间。

为了验证区块链技术的有效性，国内外许多大型零售企业进行了区块链驱动试验，结果证明区块链技术可以解决零售行业固有的难题。例如，借助区块链技术，零售商可以改善供应商信息存储方式，实现无缝签订合同与执行付款，保证商品来源真实、可靠，消除假冒伪劣商品。

在国内，京东率先使用区块链溯源技术，取得了很好的成绩。下面以京东为例，对区块链在新零售领域的应用进行探究。

（1）借助区块链技术，京东将供应链体系与区块链存储系统连接在一起，打通原产地、生产商、渠道商、零售商、品牌商、消费者等信息，保证每一个商品流通参与者的信息都能查询到。

（2）京东建立了区块链联盟链运营商管理机制，包括联盟链、可视化、自动化、数据效率、跨链桥接等环节，每个环节都有一套完整的运行机制，数据链信息具有全面性、公开化、自动化、合理性、高效性、联动性等特征。

这种运营管理机制非常科学、合理，尤其适用于食品行业。如在牛肉管理方面，每块牛肉都有唯一的溯源编码，消费者可通过这个编码识别牛肉的真伪，对牛肉生产、流通的整个过程进行追溯，从而提高消费信心。同时，对于企业来说，企业可以利用大数据舆情开展智慧营销活动，如品牌文化宣传等，不断提升企业与消费者的收益。

（3）由于零售行业的交易数据碎片化现象比较严重，交易节点比较多，交易网络比较复杂，所以在端到端的零售供应链管理中，商品生产、流通、交付等信息的采集、存储与整合是关键。而对于消费者、监管部门、电子商城来说，信息的可信、可靠、可查、安全是其关注的重点。

区块链技术对多个交易主体的共识机制、分布式数据存储、点对点传输和加密算法等多项基础技术进行整合，为零售供应链端到端的信息管理提供助力，最大限度地保护了消费者的购物安全。

从本质上看，区块链就是一个“去中心化”的账本数据库，将传统的中心化记账转变为分布式记账。区块链是由一系列加密数据构成的，使用区块链的目的在于构建一个既可以实现自我循环，又可以向外拓展的可信任分布式商业生态环境。

因为区块链中的信息是透明公开的，具有共知性。这样一来，零售市场的利润就可以分为两部分，一部分来源于商品自身的价值，另一部分来源于市场信息的附加。零售企业要正确认识这两种利润来源。在区块链环境下，市场参与者可以利用公开透明的信息增强彼此之间的信任，增加合作的可能，这是可信任分布式商业生态环境产生的良性效果，也是分布式记账的基础与前提。

在这种良性生态环境下，零售企业之间的合作会更加简单、高效，合作成本也会大幅下降，各项资源实现有效整合，所产生的经济价值与社会价值更高。当然，这个生态环境的构建需要每一个市场主体努力，需要每位参与者明确自己在区块链中的定位，贡献自己的力量，获得相应的报酬，实现自身价值。

CHAPTER 6
C2B定制：个性化零售时代的电商运营

6.1 C2B模式：精准对接顾客的个性化需求

C2B定制模式的概念及特征优势

在交易主导权回归用户的背景下，C2B（Consumer to Business，消费者到企业）模式受到了企业界的追捧，该模式打破了传统企业以商品、企业为中心的商业模式。在该模式下，用户不仅消费商品，还创造价值，产业链以消费者为中心，由消费需求驱动。

C2B模式的兴起和互联网的大规模推广普及存在密切关联，阿里巴巴是C2B模式的倡导者、推动者和先行者。早在2008年12月31日，马云在“江南会”演讲中就提出了C2B的概念。在2015年3月15日德国汉诺威国际博览会开场演讲时，马云又指出：“未来的世界，我们将不再由石油驱动，而是由数据驱动；未来的世界，生意将是C2B而不是B2C，用户改变企业，而不是企业向用户出售——因为我们将拥有大量的数据。制造商必须个性化，否则它们将非常困难。未来的世界，所有制造商生产的机器不仅生产产品，它们必须说话，它们必须思考。机器不会再由石油和电力驱动，机器将由数据来支撑。”

对于C2B模式，阿里巴巴前参谋长曾鸣指出："B2C只是一个过渡性的商业模式，未来电子商务的真正模式是C2B。未来的商业模式，'定制'会是主流，首先会走向大规模定制，最后走向个性化定制。而定制模式，它的要求是个性化需求、多品种、小批量、快速反应、平台化协作，这是我们能看得到的未来。"

在同质竞争日趋白热化的背景下，真正践行"用户为王""顾客就是上帝"等理念的企业才能实现长期稳定发展。盈利是企业的终极目标，那么，企业应该如何盈利呢？无非是让更多的消费者购买自身的产品与服务，而想要做到这一点，企业必须深谙消费者心理，洞察用户需求。此前，零售企业主要通过市场调查来分析用户需求，这种方式成本高、时效性差，数据可靠性得不到保障，难以为采购、仓储、定价、营销等提供有力支持。

C2B模式是消费者将自身的需求反馈给商家，商家按照订单生产。当然，由于消费者本身缺乏专业知识，商家需要先提供一些关键参数，帮助消费者设计真正适合自身的商品，尤其是将C2B模式和预售模式相结合，消费者先下单并缴纳一部分保障金，商家直接根据订单采购原料并组织生产，生产完成后直接让物流公司送到顾客自提点或送货上门，实现真正意义上的零库存。而从消费者视角来看，C2B预售模式可以让其定制设计个性化的商品，同时，由于帮助商家降低了交易成本，可以用相对较低的价格购买到优质的商品，而且售后服务也能得到充分保障。

需要指出的是，受技术、成本等因素的限制，C2B模式将与B2C、C2C等模式长期共存。C2B模式是互联网时代用户获得交易主导权的直接体现，对互联网普及率、柔性供应链打造等有较高依赖性。

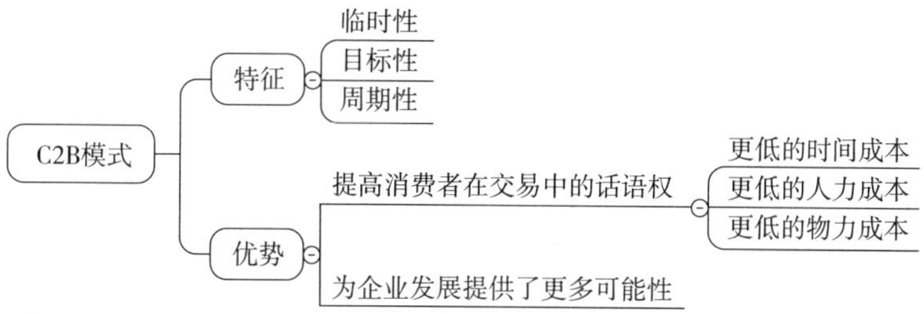

图6-1　C2B模式的特征与优势

◆ C2B模式的特征

（1）临时性：在C2B模式中，消费者临时聚集在一起，他们因为想要购买同一商家的产品而形成短暂的联盟，通过联合取得较高的议价权。

（2）目标性：消费者联盟有着明确的目标，也就是以较低的成本购买符合自身个性化需求的产品。企业也有明确的目的，就是在更短的时间内获得更高的利润。

（3）周期性：消费者因为需求一致而联合起来，与商家议价并下单购买，最终得到商品，并在使用过程中享受售后服务，这是一个完整的C2B模式用户购买周期。

◆ C2B模式的优势

（1）提高消费者在交易中的话语权

在C2B模式下，消费者能够以更低的成本获取优质的个性化商品。

★更低的时间成本，消费者不需要货比三家，可以一次性获取商品全方位信息，显著降低购物时间成本。

★更低的人力成本，消费者联盟集思广益，在较短时间内和商家达成一致。

★更低的物力成本，消费者集中购买便于商家批量采购原材料，批量生产标准模块，从而为消费者提供更大的让利空间。

（2）为企业发展提供了更多可能性

在经营管理成本不断增长的背景下，运用C2B模式不但能够让企业降低交易成本，还有助于扩大用户群体，提高市场份额，促进企业数字化转型。更关键的是，C2B模式有助于企业回归以用户为中心，为用户创造价值的本质，减少同质竞争与恶性价格战，从根本上解决库存积压问题。

C2B个性化定制模式的四大类型

◆ **聚定制**

聚定制是由商家对用户需求进行整合，然后批量生产，团购就是一种聚定制形式。近两年，在“618”“双11”“双12”等电商购物节开始前，很多商家推出的节前预售，就是聚定制的典型代表，具体玩法为：用户支付一笔定金获得“双11”优惠资格，“双11”当天支付尾款，等待物流送货上门。从公布的数据看，有相当多的商家借助这种玩法使产品销量显著提升。

对于企业而言，聚定制的优势主要体现在提前锁定用户群体，避免了B2C模式中企业主观臆测、盲目生产造成的人力、物力等资源浪费，提高了资金周转率，有助于企业实现持续稳定增长。

◆ **模块定制**

聚定制更多的是对消费需求进行整合，在产品定制方面有所不足，而模块定制可以满足消费者一定程度上的个性化需要。我们不妨从海尔的模块定制案例中借鉴经验，海尔在其官方商城中为购买定制冰箱的用户提供了外观图案、调温方式、容积大小、门体材质等多种选项。

国产手机品牌青橙推出的定制手机也是模块定制。现阶段，手机已经实现了高度模块化，各模块有着标准化的参数与规格，模块定制实现难度较低。在青橙定制手机案例中，用户可以对屏幕、摄像头、内存容量等进行定制。

模块定制是一种层次较浅的定制模式，消费者能够定制的内容相对有限。事实上，产品定制层次应该是综合成本、效率、用户接受度等多种因素决定的，部分产品本身价值较低，完全定制会显著提高其生产成本，导致市场规模比较有限，商家很难盈利。

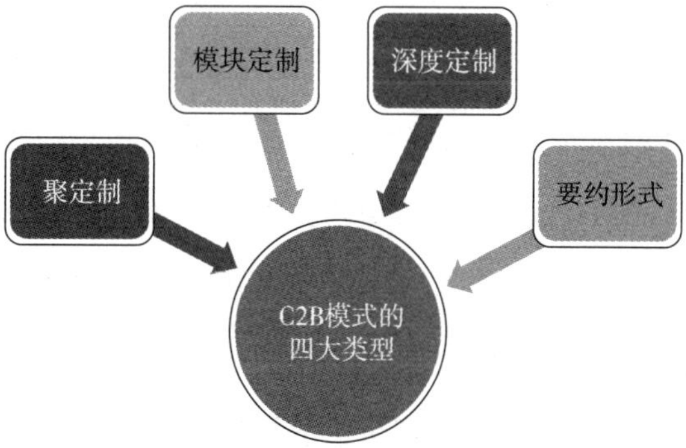

图6-2　C2B模式的四大类型

◆ 深度定制

深度定制是用户广泛参与的定制模式，用户的个性化需求在产品设计、生产、配送、售后等多个环节都能得到体现。但因为消费需求十分个性化，每件单品都可以被看作一个独立的SKU，只不过深度定制成本较高，消费者要付出比普通商品更高的价格。主流的深度定制产品包括服装、家具等产品的定制。

家具产品可以让消费者从材料、尺寸、风格、功能、图案、颜色等多方面进行深层次定制，受到了追求高品质生活的用户的青睐。阻碍深度定制发展的要素就是成本控制与个性满足之间的矛盾。目前，定制家具品牌尚品宅配在探索深度定制方面取得了颇为良好的实践效果。尚品宅配基于移动互联网、大数据等现代科技，打造了家具设计系统、条码应用系统、混合排产及生产过程系统、网上订单管理系统等多种信息系统，使定制家具产品成本控制在合理的范围内，值得国内企业学习借鉴。

◆ **要约形式**

要约定制是指消费者明确对商品的个性化需要，并提供预期价格，商家根据自身生产能力、成本控制能力等因素选择是否接受。

从产品属性来看，定制模式可分为实物定制、服务定制和技术定制，冰箱、手机、服装、家具等都可以被归为实物定制。麦当劳公司的“定制汉堡”产品测试项目也是实物定制，该测试项目面向美国加州南部市场，消费者可以通过门店iPad上安装的APP对汉堡配料进行选择，可选配料多达20种。2015年，麦当劳进入中国市场25周年，为助力周年庆，麦当劳在上海市黄浦区西藏中路 525 号麦当劳雅居乐餐厅推出了“我创我味来”（Create Your Taste）项目，将顾客可选配料扩大至24种。

服务定制在日常生活中较为常见，旅游、婚庆、家政护理等行业均存在提供高端定制服务的公司，用户可以享受定制旅游路线，设计欧式、民国等多种风格婚礼等个性化服务。技术定制的服务对象以创业者和企业为主，例如，定制开发小程序、区块链应用技术、信息系统等。在社会化生产成为主流发展趋势的背景下，技术定制存在十分广阔的发展空间。

C2B定制化模式面临的主要难点

C2B模式正在快速崛起，在部分细分领域，服务定制已经相对成熟，技术定制发展势头也颇为良好，而实物定制却面临以下几个方面的问题：

图6-3　C2B模式面临的主要难点

◆ **全产业链的控制能力**

C2B并非只是对设计生产环节提出较高要求，而是要求打通全产业链，确保每个环节都能迎合用户需求。例如，在手机市场，部分手机品牌将生产、配送等环节外包给第三方，未能实现和第三方的实时交互，不具备针对用户需求与市场环境变化做出及时调整的柔性供应能力，难以使用户的个性化需求得到充分满足。

◆ **改造的技术难度**

想要为用户提供个性化产品，应该具备较强的技术能力。在B2C模式下，企业按照标准化模型进行批量生产，而C2B模式要求零售企业满足用户个性化需要，针对不同用户的差异化需求设计独立的产品模型。如果零售企业不具备强大的技术能力，将导致生产效率低下，产品性能得不到有效保障，鲜有用户愿意为之埋单。

尚品宅配为了解决这一问题，运用IT技术、智能算法等对用户订单进行拆分，所有家具的每块木板及配饰都有专属编号（以条形码形式记录），然后对不同订单需要的相同型号的木板与配饰进行合并生产，最后按照用户订单对相应木板与配饰进行组合，为用户提供送货上门服务。

◆ **C2B产品的价格和周期**

定制产品，尤其是高端产品定制流程烦琐复杂，价格高昂，目标用户群体规模较小。例如，保时捷、法拉利、劳斯莱斯等豪华汽车部分零部件需要手工制作，客户先订购，几个月后才能提车，产能较低，售价极高，即便产量很低，品牌也能获得丰厚的利润。同时，用户随机下单也给商家组织生产带来诸多困扰，较长的交付周期影响了企业的资金周转率，给用户体验带来了较大的负面影响。

◆ B端的专业化水平

C2B模式让用户得到了更多尊重，有利于激发用户的购买欲望，但用户需求比较模糊、宽泛，在参与产品设计时，他们可能无法用语言精准描述自身需求。同时，部分消费者缺乏耐心，不愿意参与复杂而烦琐的定制生产。想要解决这一问题，零售企业必须为用户提供有效指导与帮助，为此，企业需要培养一批具备专业知识与技能以及较强沟通能力，能够洞察用户个性化需求的复合型人才。

◆ 确认用户消费需求

明确了用户消费需求，才能充分发挥C2B模式实现低库存、迎合用户个性化需要等方面的优势。如果不能做到这一点，与B2C模式相比，C2B模式不但没有领先优势，甚至还处于劣势。此外，如何整合大规模的订单也是选择C2B模式的企业要解决的重点问题，用海量订单来降低产品生产边际成本，缓解定制生产造成的成本增长，是企业的必然选择。如果订单量有限，企业就很难实现持续增长。

6.2　C2B电商平台的运营策略与实战路径

路径1：完善C2B电商的发展环境

目前，国内C2B平台在发展过程中仍然存在很多问题，为了解决这些问题，克服平台本身的局限性，政府与企业都应该发挥各自的职能。其中，政府要着眼于改善电商行业所处的整体环境，企业应该聚焦于清除C2B电商发展过程中遇到的阻力，积极促进国内C2B电商模式落地。

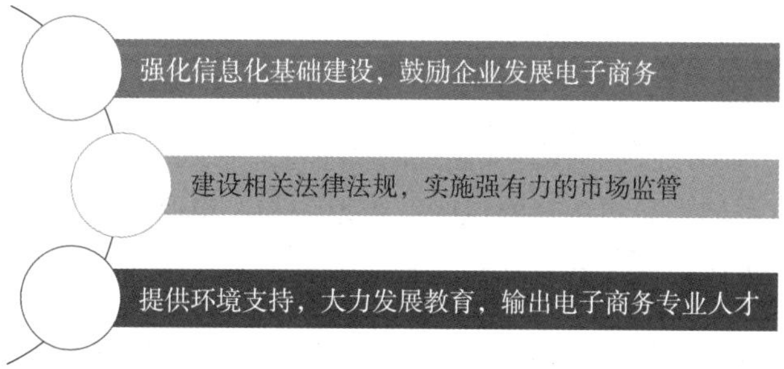

图6–4　完善C2B电商的发展环境

◆ **强化信息化基础建设，鼓励企业发展电子商务**

电子商务是在互联网时代发展起来的。2018年8月，互联网络信息中心发布的第42次《中国互联网络发展状况统计报告》显示，我国网民规模

8.02亿，互联网普及率为57.7%，互联网基础设施建设取得了一定成就。

尽管如此，作为一个人口基数庞大的国家，国内的互联网市场仍然蕴藏着巨大的发展潜力。现阶段，在国内网络用户中，一二线城市的居民占比最大，三线及以下城市与村镇地区的网络用户占比较低。为了促进这些地区的网络发展，政府部门需要强化当地的信息基础建设，为各地区之间的用户交流提供网络平台支持，打破时空因素的限制，促进不同地区之间的沟通互动。

另外，政府应支持企业在电子商务领域进行布局。发展电子商务能够给企业带来诸多益处。一方面，电子商务的发展能够促进企业及时了解外部环境的变化，根据市场走向优化自身的经营发展；另一方面，电子商务的发展能够减少企业的成本消耗，依托先进的网络技术，改善企业的业务流程，加快产品生产，降低库存压力，减少企业在交易环节的成本消耗，进而优化企业的经营管理。此外，电子商务的发展还能提高企业的国际化开放程度。通过发展电子商务，企业能够进一步突出自身的核心优势，向海外市场扩张。

◆ **建设相关法律法规，实施强有力的市场监管**

近年来，蓬勃发展的电子商务吸引了诸多传统零售企业在该领域布局，越来越多的消费者选择通过网络渠道购物，电商化发展也为许多行业开辟了新的发展道路。虽然快速崛起的电子商务使电商模式的应用越来越普遍，但其发展过程中也存在许多不足，集中体现在以下两个方面。

（1）网络安全问题亟须解决。个人信息泄露、支付安全、网络欺诈频发，挫伤了消费者网购的积极性。

（2）许多电子商务企业之间开展价格竞争，在宣传环节有意抬高商品原价，向消费者隐瞒实情，给市场的健康、稳定发展带来负面影响。

在促进电子商务行业健康发展的过程中，政府要发挥自己的作用，提高市场发展的规范性，注重建设相关的法律法规，建立有效的市场监管体系，加强市场监管。在这个过程中，政府还要出台相关政策，对电商企业的行为进行规范，促进企业良性发展。同时，政府要制定并严格执行电子商务认证标准，加强与权威认证机构、第三方评估机构的合作，促使电商企业建立良好的信誉，提高市场认可度。

过去，电子商务的发展缺乏有效的监管，市场规范化程度较低，为了改变这种情况，政府应该加快相关法律法规的制定。为了促进自身的持续性发展，保护消费者权益，电商企业应该加强信用体系、监管体系建设，注重网络安全问题，促进行业规范的制定。

◆ 提供环境支持，大力发展教育，输出电子商务专业人才

现阶段，国内许多高校增加了电子商务专业，但因为学校输出的人才与企业的发展需求之间难以匹配，致使电子商务的毕业生就业困难，该专业的平均就业率与其他专业之间存在明显差距。另外，不少电子商务专业的学生在毕业后并未从事本专业的工作，使电子商务行业面临较为严重的人才短缺问题。

现阶段，多数高校的电子商务专业缺乏明确的人才培养方向，课程内容包含了计算机、经管类课程，虽然学生学习的科目比较多，但课程设置缺乏系统性，多数科目并未深度展开，导致学生只掌握了浅层次的知识，专业度不够，不具备核心竞争优势，不符合企业的人才需求。针对这种情况，政府部门应该了解电子商务行业的具体人才需求，促使高校制定更加合理的人才培养方案，使学校培养出来的人才能够对接企业需求。

立足于电商行业目前的发展情况及其实际需求，理工科院校应该以技术型人才培养为主，使部分技术型人才兼具管理能力；管理类院校应该以管理型人才培养为主，使部分管理型人才兼具技术操作能力；商务型院校应通过职业培训、成人教育等实施专业教育。在课程设置方面，学校应该注重培养人才的专业技能，把握电子商务企业的人才需求，在确保学生掌握足够基础理论、丰富知识的同时，致力于提高电子商务人才的专业能力和工作素质。

路径2：构建“C2B + SNS”新模式

在C2B电商运行过程中，最重要的是将存在共同需求的消费者汇聚到一起，以联盟方式与制造商进行谈判，从而降低商品单价。若不能迅速集中大量订单，消费者联盟在与制造商谈判的过程中就会处于相对被动的地位，难以降低商品的生产成本。在这种情况下，制造商通常会放弃商品生产，消费者的需求会落空。

为了迅速增加订单量，企业应该积极联手SNS 网站。SNS的全称是Social Network Site，即社交网站。根据哈佛大学心理学教授 Stanley Milgram在20世纪60年代提出的“六度分割理论”，用户与其他人之间间隔的人最多为6个。根据这一理论，用户能够通过自己社交网中的6个人认识其他任何一个陌生人。

也就是说，借助社交网站，用户个体的社交范围会逐渐拓宽，建立起属于自己的广阔的社交网络。概括来说，SNS平台能够利用网络满足人们的社交需求，实现不同用户之间的沟通互动。通过这类网站，用户可以与亲朋好友进行信息传递与交流，也能够通过SNS与陌生人接触，不断扩大自己的交际范围。国外比较流行的社交网站有MSN、Facebook、My Space等，中国以新浪微博、微信、腾讯QQ为代表。

用户利用SNS平台，不但能够获知其他人的状态，还能将自己的生活动态发布到平台。SNS能够把一定区域范围内的用户汇聚到一起，促进彼此之间的联系，也能够将存在共同兴趣、爱好的用户汇聚起来，消除其他因素对用户间沟通互动的限制。利用SNS，企业能够挖掘互联网用户的商业价值，但这种商务模式缺乏多样性，企业难以凭借该模式巩固自身的市场地位，获得持续性的收益。

从营销角度来看，C2B平台采用广告推广方式，能够迅速提高用户访问量，并有效促进产品销售。但广告投入要求平台给予足够的资金支持，需要平台要在这方面投入大量资金，使平台、企业的资金负担大幅增长。针对这个问题，C2B电商要与SNS合作，C2B平台通过SNS获取流量，SNS通过C2B平台实现商业转化。

将用户看作网络节点，SNS就能通过网络体系将不同的节点连接起来。如果商品信息能够在该网络中传播，并打通企业信息节点，就能促使社会化电商实现更好地发展。C2B电商平台可利用SNS 社交网站将存在共同需求的消费者集中起来。通过这种方式，SNS平台能够让用户群体在交易中掌握更多主动权，联合C2B发挥流量优势，促进C2B模式快速发展。

C2B与SNS结合发展的社会化电商模式将成为主流发展趋势。在这种模式下，电子商务交易活动由C2B、SNS共同促成。如果缺少SNS平台的支持，C2B电商就无法实现商品信息的有效触达，难以将存在共同需求的消费者集中起来，无法实现商品的销售，从而陷入发展困境。如果缺少C2B模式，SNS平台的用户只能在线上平台发挥作用，即便通过广告投入实现信息的广泛传达，其运营也难以进入盈利阶段。

路径3：借助数据挖掘优化运营

尽管在C2B模式下，电商企业能够根据订单需求安排产品生产并开展后期的市场运作，通过这种方式减轻库存压力，但通常情况下，企业还是要将原材料准备环节提前，为后期生产做好铺垫。如果企业无法对消费者需求进行准确预测，也会导致原材料库存过多。产品更新换代后，企业积压的原材料就会贬值，增加企业的成本消耗。所以，企业应该及时了解市场消费信息，运用数据分析技术指导自己的生产。

未经处理的数据资源体量庞大、随机性较强且包含许多干扰性因素，通过筛选提取隐藏在这些海量数据中的价值即为数据挖掘。通俗来讲，数据挖掘指的是对海量的数据资源进行处理，选择人们感兴趣的信息和知识，将其他部分剔除。随着信息社会的发展，电商平台汇聚了海量的消费者数据资源，需要借助数据挖掘进行分析与处理，继而实现商业转化。

在信息泛滥时代，消费者的需求信息呈现出碎片化的特征。为了通过信息分析提取消费者需求与不同消费者的喜好，企业要锁定并分析消费者的特征、消费行为等相关信息，在此基础上构建完善的数据机制。

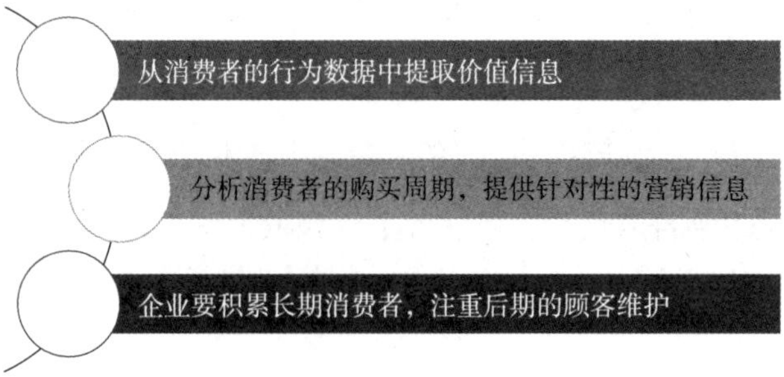

图6–5　构建完善的数据运营机制

◆ **从消费者的行为数据中提取价值信息**

对消费者购买的产品进行分析，据此获知消费者的家庭情况、需求偏好、行为习惯等。通过分析消费者的连续购买记录不断修正、完善判定结果。

举例来说，某消费者近日经常登录母婴电商平台下单母婴商品，可判断该消费者的家庭中将有新生儿诞生。过了一段时间，消费者大量选购婴儿纸尿裤、奶粉等商品，意味着孩子已经出生，可通过分析消费者选择的商品价格、品牌等对消费者的消费水平及消费偏好进行把握。

由此可见，消费者的购物数据中蕴藏着许多有价值的信息，能够为企业的经营提供有效参考，应该受到企业的重视。

◆ **分析消费者的购买周期，提供针对性的营销信息**

仍用上文购买婴儿用品的案例进行说明。孩子不断成长，需要通过饮食补充很多类型的营养元素，所以，消费者会逐渐改变选购的奶粉种类。

除奶粉外，在成长过程中，孩子使用的纸尿裤型号、服装尺码也会慢慢增加。通过分析消费者的购买记录，商家可以获知孩子的成长信息，据此了解更多的消费需求。企业掌握了消费者的信息后，可以对消费者购买的商品数量进行统计，据此判定消费者的购物周期，在下次购物时间来临之际，提供符合其需求的品牌、型号，达成交易。

◆ **企业要积累长期消费者，注重后期的顾客维护**

面对越来越激烈的市场竞争，企业在开发新顾客的同时，也要采取有效措施提高顾客的留存率，积累自己的忠实顾客。为了提高营销的针对性，企业要进行深度数据挖掘，采用合适的数据分析方法，对消费者需求进行准确、全面的把握。

路径4：打造柔性化生产供应链

供应链生产运作方面，在传统模式下，企业将产品“推”给消费者；而在C2B电商模式下，消费者占据主导地位，由消费者“拉动”企业的商品制造与生产。为了对接消费者多元化、个性化需求，企业要提高自身的生产能力，根据消费者需求进行产品开发与生产。过去，企业是信息流、物流的驱动者。在C2B电商模式下，消费者承担了这个角色。

为了对接消费者的个性化需求，企业需要改革传统思维模式，提高运营效率，实现柔性化生产。为了做到这一点，企业要从以下几个层面着手。

（1）从设备层面进行分析，企业只有引进相关设备和技术，才能具备定制化生产能力。在C2B电商模式下，消费者开始在市场上占据主导地位，当消费者联盟向企业传递定制化需求时，企业需要引进相应的设备与技术来组织商品生产。

另外，企业不能使用主干生产线完成小批量产品的生产，为了完成生产任务，企业要引入具备足够综合能力的小型生产设备。

（2）从劳动组合层面来看，企业需要对工人的具体情况进行分析，合理进行安排，对工人进行多工序、多作业平台的操作培训，让工人适应不同的生产模式，灵活地进行生产作业。通过这种方式，企业的整体运转速度加快，产品可以定期交付，定制化产品的生产需求得以满足，成功实现与消费者多样化需求的对接。

（3）从生产方式层面来看，企业把碎片化的消费者需求集中起来，打造专业的产品设计库。在产品设计环节，企业向消费者提供设计样板，让消费者根据自身偏好进行样板组合，满足其个性化需求。在生产环节，企业将产品分割成多个样板块进行生产，兼顾定制化生产与标准化生产，精简生产流程，裁减冗余环节。

（4）从企业间供应链协作层面来看，在传统模式下，企业间的协作比较有限，而互联网时代则要求企业改革传统的运作模式，使企业间的社会化协作形式越来越丰富、越来越灵活，有效提高了企业生产的柔性化程度，推动了企业的革新与升级。

6.3 定制营销：新零售时代的个性化营销

定制营销模式的概念与优劣比较

商品流通有诸多环节，商品营销就是其中的一环，其目的就是满足消费者的需求。随着经济全球化进程不断加快，社会经济迅猛发展，现有的市场环境受到了极大的冲击，同时，消费者产生了很多过去的大众化产品所无法满足的新需求。为了满足消费者的这种个性化需求，零售商推出了定制营销。

定制营销是一种将每一位消费者都视为一个潜在的细分市场，根据其个性化要求组织产品设计、生产，让消费者能在最短的时间内获取产品的营销方式。定制营销没有改变传统的生产模式，其目的是在消费者愿意支付的价格内，以能够获得目标利润的成本，在单位时间内尽可能多地生产定制产品。

定制营销并不是一种新营销理念。事实上，从20世纪90年代开始，企业就使用这一理念开展营销活动。随着社会经济高速发展，人们的消费观念与行为不断改变，人们对产品的需求早已超出简单的衣、食、住、行的范畴，希望产品能满足自己在某方面的自我实现需求。

也就是说，现阶段，人们不再追求那些大众化、泛化的产品，而是希望获得符合自身独特需求的个性化、差异化的产品。面对这种变化，企业必须采取有效措施予以应对，以实现可持续发展。

定制营销不是传统手工定做，二者之间有明显差异。定制营销产生的原因是当前的大规模生产无法满足消费者个性化、多样化的需求。具体来看，定制营销的特点就是企业通过与消费者沟通了解消费者需求，根据其需求组织生产。

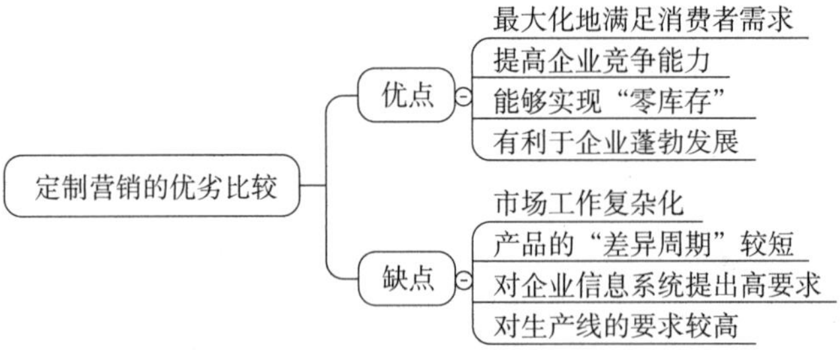

图6–6　定制营销的优劣比较

◆ 定制营销的优点

（1）最大化地满足消费者需求

基于本身的特点，定制营销可以最大限度地满足消费者需求，因为定制营销在组织产品设计、生产之前就已经和消费者有过沟通，了解了消费者的实际需求。所以，在定制营销开展的一系列活动中，消费者需求可得到极大的满足。

因为产品是根据消费者个性化、独特化的需求设计、生产的，所以产品上市就会受到消费者的喜爱，企业也能借此在激烈的市场中占据自己的一席之地，产品销售、企业发展面临的困境也能迎刃而解。最终，企业不仅能获得良好的口碑，也能获得较高的利润。

（2）提高企业竞争能力

将定制营销理念引入整个营销过程，企业不仅可以最大限度地满足消费者的个性化需求，还能实现差异化营销，提升自己的核心竞争力，游刃有余地应对激烈的市场竞争，实现更好地发展。

以清扬洗发水为例，清扬洗发水就采用了定制营销，按照性别对洗发水做了区分，定制了男士洗发水、女士洗发水。同时，清扬还以此为基础，通过市场调查，按照发质对男士洗发水、女士洗发水做了细分，如女士去屑洗发水、男士去屑洗发水，女士清爽控油洗发水、男士清爽控油洗发水等，极大地满足了消费者对洗发水的个性化需求。事实证明，清扬洗发水的定制营销取得了极好的效果，不仅获得了极好的经济效益，还提升了整体的市场竞争力，拓展了其在洗发水行业所占的市场份额。

（3）能够实现“零库存”

“零库存”是最佳的库存状态，也是企业最希望达到的库存状态，只有通过最合理的手段才能实现。目前，在现有的所有营销方式中，只有定制营销能实现“零库存”，因为“零库存”对整个物流环节的要求极高，要求每个物流环节都要做到适度、合理，而这恰恰是现代物流企业面临的最大难题。

目前，基本上所有企业都存在供应链管理混乱的问题。定制营销可以很好地解决这一问题。因为定制营销在产品设计、生产之前就已经获知了消费者的实际需求，产品生产出来之后直接交到有相应需求的消费者手中，消除了很多不必要的流通环节，这种近乎直销的营销方式在很大程度上降低了企业管理的复杂程度。同时，因为定制营销真正实现了“以需定产”，不会出现大量的产品积压。在这两个条件的作用下，“零库存”极有可能实现。

也就是说，随着定制营销的推广应用，“零库存”有望成为现实。除此之外，定制营销还加快了资金周转速度，再加上无须面临库存压力，企业的库存管理费用也会下降，企业可用这笔费用提升企业形象，优化企业服务，推动企业的经营管理活动进入良性循环。

（4）有利于企业蓬勃发展

对于企业来说，创新非常重要，它是企业保持活力，实现可持续发展的重要因素。这里所说的创新涵盖了方方面面的内容，如技术创新、体制创新、思想创新等。其中技术创新可提升企业的生产力和生产效率，降低企业的生产成本；体制创新可让企业的日常经营活动更有秩序，降低管理难度，解决管理难题。体制创新最重要的就是解决企业原有的问题，推动企业实现更好地发展。思想创新指的是管理层革新思想，引领企业向正确的方向发展，员工革新思想增强凝聚力，激发主观能动性，提升创造力，让企业获取更多利润。

定制营销必须创新，这是由消费者需求决定的。因为随着经济的发展，生活水平的提升，消费者产生了很多个性化需求，企业必须通过创新满足消费者的这些需求，而创新一定会推动企业蓬勃发展。当然，这里的创新必须是能对企业产生积极影响的创新。

◆ **定制营销的缺点**

（1）市场工作复杂化

定制营销将每一位消费者视为一个细分市场，其目的在于满足每一位消费者的个性化需求。基于此，企业的营销成本、营销活动的工作量必然会大幅增加，企业面临的市场风险也将大幅提升。企业要想借助定制营销满足消费者需求，必须解决市场方面的这些问题。

（2）产品的“差异周期”较短

定制营销可满足消费者某方面的个性化需求，这一点毋庸置疑。但在目前的技术条件下，企业生产的产品不会表现出鲜明的差异化特点，而且“差异周期”较短，可能昨天还是差异化产品，今天就已经变成了大众化产品。在这种情况下，企业必须紧跟消费者需求。

（3）对企业信息系统提出高要求

因为定制营销将每一位消费者都视为一个细分市场，所以企业在生产产品之前要了解市场需求。而市场需求几乎每时每刻都在变化，为了抓住这个需求，企业必须创建一个可以敏感地感知外部环境的信息系统，这个系统必须可以实时向企业反馈所获取的市场信息。但是，现阶段，对于企业来说，构建一个这样的系统非常困难。

（4）对生产线的要求较高

企业推行定制营销之后，为迎合市场需求，所生产的产品周期会变得非常短。如果企业使用的是过去的生产线，从A产品到B产品需要一段转产时间，造成生产力的极大浪费，而且转产之后，市场需求也会有所改变。为避免这种情况发生，企业要构建柔性生产线。而柔性生产线的建造成本比较高，企业必须投入大量资金。

零售企业定制化营销的7Ps策略

从传统工业时代到互联网时代，再到移动互联网时代，零售行业仍属于服务业的本质没有发生变化，而且智慧零售对服务提出了更高的要求，对服务增值创造的价值产生了更高的依赖性，它有效提高了零售企业的服务响应速度及有效性。在服务营销7Ps理论的基础上，我们可以从以下七个方面来探索零售企业开展定制化营销的路径。

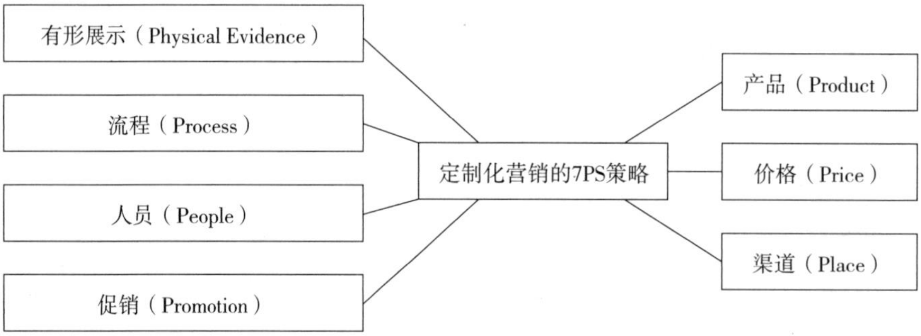

图6-7　零售企业定制化营销的7Ps策略

◆ 产品（Product）

零售企业以产品定制平台的角色，让消费者根据自己的兴趣爱好选择合适的制造商，然后通过制造商的智能制造系统获取丰富多元的定制商品。

产品定制不是简单的产品包装定制，它还包括用户通过自助定制软件实现产地定制（如定制咖啡、牛奶）、配方定制（如能量棒定制）、设计定制（如服装定制）、质量定制（由于原材料、生产工艺差异造成质量差异）

等。消费者甚至可以将自身的创意及灵感融入定制产品，如与电子书店合作，定制一部以自身为主角的小说等。

◆ 价格（Price）

概率销售作为一种主流价格定制方式已经得到了一定程度的应用，它为那些并非想要100%获得相关产品的消费者提供定制价格，产品不再明码标价，而是根据消费者获取产品的概率制定差异化价格。例如，消费者想要以100%的概率得到一款亮金色手机，需要支付3800元的全款价格，如果愿意接受其他概率（如60%获得亮金色，40%获得黑色），将有机会以一定的折扣价格（如3420元）获得该产品。

对于制造商或零售企业来说，概率销售可以最大限度地激发产能，实现低库存甚至“零库存”，为其带来显著的成本优势。此外，价格定制能够帮助企业吸引新客户，对客户进行精细化管理，如从不同工艺、原材料、功能等方面进行产品定制，实现价格差异化，充分识别用户现有的需求，发掘用户的潜在需求等。

◆ 渠道（Place）

从零售业是一种完成客户交付的环节来看，我们可以将零售企业看作一种渠道。在相关技术及设备的助力下，人们可以通过新零售服务商随时随地下单购买，并在下单页面选择交付时间、地点、方式等，使客户交付效率大幅提升，给消费者带来极致的购物体验。

零售企业在无人零售领域的探索实践，使客户交付具备了更为广阔的想象空间，消费者还可以在客户交付环节选择和机器互动，这在Amazon Go、缤果盒子、F5未来商店等无人零售店探索项目中已经得到了充分体现。

◆ **促销（Promotion）**

促销定制能够实现针对消费者个性化需求内容及传播渠道的定制，使广告投放更加精准、高效，投放成本可以得到有效控制。信息时代，企业能够从上百个甚至上千个标签中描绘立体化的用户画像，从而对消费者进行定制营销。

例如，移动、联通等通信运营商可以结合用户的实际需要，通过APP为用户推送个性化的手机套餐，在降低用户成本的同时，还能有效提高营销转化率，减少资源浪费。促销定制的持续开展让企业能够积累大量用户反馈数据，基于这些数据，企业可以对信息交互模型进行持续优化完善，带给用户更好的购物体验。

◆ **人员（People）**

人员定制包括两个层面的内容，一是定制和消费者直接接触的一线服务者（包括人和智能机器），在智慧零售模式中，一线服务者也能够定制。消费者可以结合自身需求选择为自身提供的一线服务者，如阅读APP提供的语音阅读功能可以让用户选择不同的声音。二是对和自身共同消费的其他用户进行定制，团购就是典型代表。

◆ **流程（Process）**

近几年，零售商的平台属性越发凸显，它为制造商和消费者提供了实时交互的有效平台，不但实现了线上线下一体化运营，还能够让消费者直接参与到产品设计、定价、营销、配送等诸多环节，与企业共创价值。

未来，智慧零售将会实现更深层次、更为精细化的流程定制，例如，消费剩余物处理、个人存货管理等。亚马逊Dash Button按钮就为消费者提供了家用快消品自助补货服务。

◆ 有形展示（Physical Evidence）

无形化是服务的一大显著特征。在7Ps服务营销理论中，有形展示被视为一种策略和方案，简单来说就是，零售企业要想达成消费者预期的服务质量或标准，必须借助一定的有形设备和基础设施。

在智慧零售模式中，零售企业通过打造柔性供应链，实现用户管理数字化，可以为用户提供定制化的有形设备及基础设施。尤其是AR/VR技术的应用，使高效低成本的服务场景定制成为可能。

智慧零售的定制服务可以让消费者从产品及服务中获得体验感、专属感，使供需双方进行更深层次的情感交互，用前所未有的极致购物体验为用户创造价值，逐渐为企业沉淀一批高忠诚度的用户，推动企业实现可持续发展。

个性化定制营销落地的五大关键

◆ 建立强大的信息收集系统

信息系统的作用是收集消费者的需求信息，具有敏感、高效、及时的特点。定制营销需要的市场信息收集起来非常复杂，需要企业投入大量人力、物力进行市场调查。如果企业构建一个强大的信息收集系统，就无须在信息收集方面投入过多资源。当然，信息收集系统的构建也需要耗费大量资金。

消费者需求信息收集可从两个方面着手：第一，人力收集，市场调查人员通过实地调查了解用户需求；第二，网络收集，市场调查人员通过各种网络渠道获取消费者需求，如微博、微信等互联网社交平台等。网络收集信息虽然方便，但互联网中存在大量虚假信息，信息收集人员必须做出有效识别。无论是人工收集信息还是网络收集信息，都要采用问卷调查。

◆ **打造强大的产品设计团队**

定制营销是通过有针对性的产品设计、生产满足消费者个性化的需求，但能满足消费者个性化需求的产品不会轻易出现。在定制营销模式下，每一个产品都希望能满足消费者某一方面的需求，产品设计也是如此。

定制营销与其他营销方式的不同之处还表现在产品的设计环节，遵循定制营销理念设计产品需要消耗更长时间，整个过程也更复杂。所以，企业需要构建一个强大的产品设计团队，将消费者需求完美地融入产品，生产出真正契合消费者需求的产品。如果企业能拥有这样一支产品设计团队，就能成功地抢占市场，在市场竞争中占据领先优势。

图6-8　个性化定制营销落地的五大关键

◆ **改造生产和产品供应系统**

从目前情况来看，企业要想推行定制营销必须先改造产品生产线，构建柔性生产线。这样一来，转产过程不会再消耗资源，造成时间与资金的极大浪费。因为传统的生产线无法满足定制营销需求，所以企业必须构建柔性生产线，淘汰传统的生产设备，改造现有的生产系统与供应系统，这是企业发展的大势所趋。

传统的供应系统只解决了如何将产品交给顾客的问题，而定制营销却要求供应商对产品进行加工，这种加工可能是生产过程的一个环节，也可能是对商品的某个部分进行改动，以切实满足消费者需求。

◆ **提供最优质的服务**

服务非常重要，尤其是在商品逐渐同质化的市场情况下，企业之间的竞争逐渐从产品转向了服务。企业的服务水平越高、服务质量越好，越容易得到消费者的认可。

所以，推行定制营销的企业不仅可以定制产品，还可以定制服务，为顾客提供最优质、最契合其需求的服务，将“顾客是上帝”“以顾客为中心”的理念贯穿到定制营销的所有环节。这样一来，顾客体验到令他们满意的服务之后就会逐渐接受提供这种服务的企业，并对企业产生极高的忠诚度。

优质的服务不仅美化了顾客对企业的印象，产生了积极的口碑效应，还增加了企业利润。由此可见，企业为消费者提供优质的服务意义重大，但在这个过程中，企业必须考虑一个问题：在优质服务方面的投入与获得的回报是否成正比，换句话说就是这种服务能否为企业带来预期的利润。

◆ **大量争取专业人才**

进入21世纪之后，人才在市场竞争中发挥的作用越来越大。对于企业来说，人才是其核心竞争力的重要组成部分，企业所有活动、战略的推行都需要人才，定制营销也是如此。所以，企业在重视市场竞争的同时也要关注人才竞争，因为人才是企业发展不可或缺的推动力，对企业未来的发展起着非常重要的决定作用。也就是说，如果一个企业拥有充足的人才，就有了保证企业在市场竞争中获胜的基础。

在这种情况下，定制营销也迎来了良好的发展机遇。长此以往，定制营销必将成为一种主流的营销方式。当然，定制营销有优点也有缺点，如果企业能很好地规避其缺点，必将实现迅猛发展。

但现阶段，很少有企业能真正做到定制营销。一般情况下，受企业自身实力及现有市场条件的制约，企业的定制营销只能做到部分定制，无法完全做到定制营销。

CHAPTER 7
重构供应链：新零售时代的物流升级

7.1　构建新零售时代下的新型供应链

基于消费者驱动的新零售供应链

其实，无论传统零售还是新零售，本质上都是通过满足消费者需求实现价值创造、达成收益目标，而这一目标的实现离不开高效供应链系统的有力支撑。从这个角度看，新零售创新业态不只是在终端消费场景为用户带来良好的零售体验，更关键的是构建符合新零售要求的新型供应链系统，为新零售的消费体验和消费内容提供有效支撑。

在新零售时代，零售业虽然向着线上线下融合、“零售+体验式消费”“零售+产业生态链”三个方向演进，但零售的本质仍是“人、货、场”，即消费者、商品和店铺的重构。新零售的“新”就体现在对零售各元素进行重构整合，通过互联网、大数据等新技术、新方法提高商业经营效率、降低零售成本，最终获得更大的零售效益。

普华永道编著的《CEO观点2017：中国零售业转型之旅》指出，高缺货率和订单交付过程的低效服务是当前中国零售企业面临的两大痛点。

在以消费者体验为中心的新零售时代，缺货和不确定的等待严重影响着消费者的购买体验。基于此，新零售对库存管理提出了更高的要求，如阿里巴巴认为新零售库存的理想状态是实现企业“零库存”。

从供应链的角度来看，这要求新零售供应链运营提高服务的“精准性”，精准预测和把握每一位消费者的个性化需求，实现供应链各环节的实时联动，从而既充分满足消费者的商品和服务需求，又实现库存最小化。

除了高缺货率，报告还指出88%的受访CEO认为退货处理也是当前中国零售企业面临的主要问题，因为顾客退货会影响零售企业整体的利润水平。

顾客选择退货，表明没有获得预期的良好体验，对此，企业可通过优化商品品类结构、智能选货策略、提高计划制定与执行的效率和效果等多种方式，减少因商品本身原因造成的退货现象。同时，零售企业还应将退货处理有机整合到整个销售流程中，通过优质退换货服务为顾客带来良好体验，以实现“变坏为好”，获取消费者正面口碑，提升自身盈利能力。

在新零售时代，瞬息万变的市场环境和多元个性的消费需求导致供应链系统面临着更大的困难和挑战。在这种情况下，零售企业要以消费者为中心，以客户体验为出发点和落脚点，积极利用大数据、云计算、智能算法等先进的互联网信息化技术，着力构建智慧化、数字化、可视化、集成化、技术化的新型供应链，突破传统供应链范畴，拓展为对包括前端销售、消费者等在内的整个价值链的管理运营。

在传统零售模式中，供应链管理主要局限在采购、生产、物流等后端环节，缺乏与前端销售渠道和消费者的协同整合，导致供应链前后端呈现出明显的“孤岛现象”，信息流通不畅，整个供应链系统对市场变化和消费需求反应迟钝。

新零售是以消费者体验为中心，真正从消费者需求出发的零售业态。所以，在新零售模式下，零售企业能够敏锐感知和把握前端商品、价格、消费者、竞争对手等信息的快速变化，协调供应链的各个环节更好地为消费者服务，充分满足消费者需求，为消费者带来更好的零售体验。

因此，新零售模式下的供应链系统不再只是被动等待前端信息的传递，而是主动参与到前端的消费者对接、沟通与服务等工作中，如商品选择、销售预测、动态定价、自动补货、采购计划等，并通过建立跨职能部门实现对整个供应链流程的统一规划和操作，从以往的“纵向一体”运作模式转变为“供应链+营销+大数据”的“全位一体”模式。

从供应链管理向需求链管理转变

零售商是新零售商业生态的重要组成部分，既是供应商的赋能者，又是终端消费者的服务者。在传统零售模式中，零售商和供应商相互压榨，双方存在一定的对立关系。新零售模式打破了这种不和谐的局面，促使双方建立起长期稳定、合伙共赢的战略伙伴关系。

零售企业通过对销售、库存、用户行为等数据进行分析，为供应商组织开展一系列生产经营活动提供科学指导，实现供给与需求精准对接。在零售商的帮助下，供应商可以获得立体化的消费者数据画像，更为深入地认识市场环境和用户需求，推动产品设计与工艺创新，满足日益个性化、多元化的消费需求。

大数据分析让零售商比用户自己更加了解自己，这将极大地提高零售企业的服务能力与用户满意度。在传统零售模式中，零售商和消费者仅是简单的商品交易关系，零售企业难以积累忠实的用户，不利于实现长期稳定发展。而在新零售模式中，零售商是消费者的商品采购者、需求代言人，通过企业官网、社交媒体、电商平台、APP、实体门店等多元化的渠道，双方可以实时互动，逐步建立良好的信任关系。

更关键的是，转型新零售模式的零售企业可以融入消费者的日常生活中，根据不同用户的个性化需求为其提供差异化服务，从而提高自己的盈利能力，在激烈的市场竞争中长期保持领先地位。

如果我们将传统零售看作由商家及产品驱动的供应链模式，那么新零售就是由用户需求驱动的需求链模式。需求链模式是零售企业通过分析零售大数据预测并发掘消费需求，然后将分析结果反馈给上游厂商，上游厂商根据高精准、强时效的用户需求数据，组织开展产品研发与生产活动，避免上游厂商盲目生产造成的库存积压问题，减少资源浪费，为化解各行业产能过剩问题提供有效的解决方案。

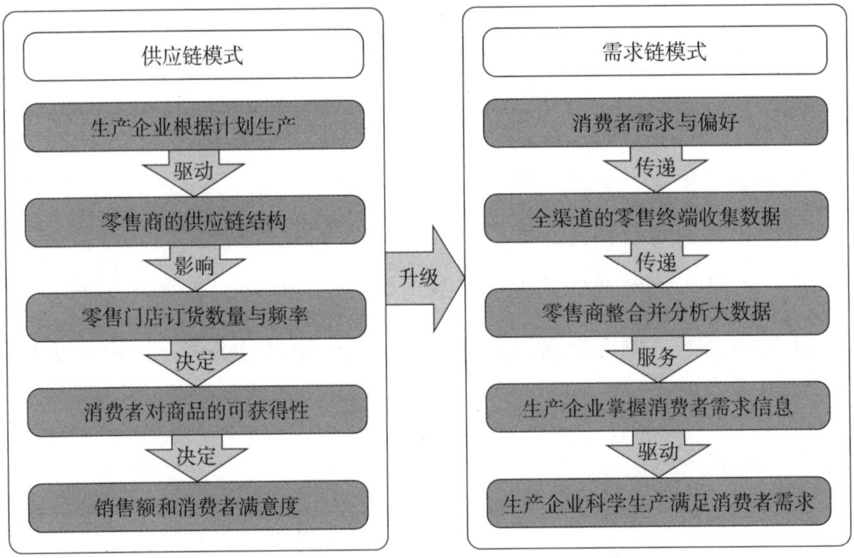

图7-1　从供应链模式向需求链模式升级

洞察并整合消费需求是新零售需求链活动的首要任务。为此，零售企业需要加快信息化建设进程，提高自身对消费需求的洞察与整合能力，在此基础上开展商品的“反向定制”，以更低的成本、更高的效率为目标用户创造更多的价值。新零售使供给与需求被打通，供应商与零售商等供给者可以根据用户需求制订生产计划、采购计划、营销计划、仓储计划、物流计划等，从源头上解决传统零售的供需错位问题。

此外，在新零售时代，不同用户的需求存在一定差异，大规模批量化生产已经难以适应时代发展需要，精益化、柔性化、定制化生产将成为供应商的必然选择。

借助技术实现供应链数字化升级

作为全球零售巨头，沃尔玛成功的关键因素之一是通过发射私人卫星建立起强大的中央数据处理系统，能够在1小时内完成全球几千家门店各种商品的库存、销售、订单等信息的盘点，并且将货品从订单到商店全程供应链的时间控制在3天以内，形成了强大的供应链优势。

杰夫·贝佐斯（Jeff Bezos）在创建亚马逊之初，并没有将其定位为电商企业，而是定义为活跃在电子商务领域的技术公司，并积极在云计算、智能硬件、人工智能等先进互联网信息化技术方面深耕布局，最终通过将先进的技术应用到自身的供应链管理系统中，快速成长为全球领先的电商企业。

阿里巴巴创始人马云在2017年5月全球智慧物流峰会上指出，大数据将成为物流的核心资源，未来物流公司的成长发展离不开数据、技术、人才的支撑。

国内外零售巨头的一系列动作和布局已充分表明，在新零售时代，供应链系统的良好运作不再只是单纯依靠人、流程、硬件设施等要素的投入，更关键的是积极利用大数据技术实现供应链的数字化转型和技术变革，构建数据和技术驱动的新型智慧供应链系统。

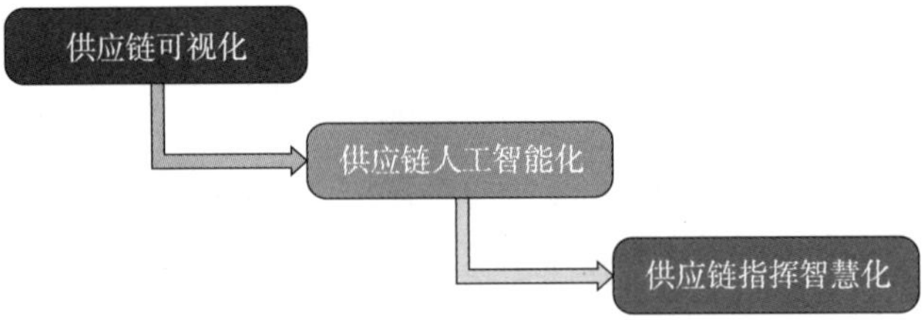

图7-2　新型智慧供应链系统

◆ **供应链可视化**

以盒马鲜生为例，作为新零售创新业态的先行者，盒马鲜生通过为经营的商品贴电子标签，使SKU、库存、价格、促销等各类信息实现了的线上线下同步，形成了线上下单、线下有货、后台统一促销活动和商品价格的运作模式，为供应链可视化的实现奠定了坚实的基础。

以供应链可视化为支撑，包括销售、市场、财务、研发、采购和物流等在内的所有业务能够更好地进行整合协同，促使消费者需求、门店或网店库存、产品销售趋势、物流状态、原产地等信息实现可视化，从而有效提高整个供应链系统的敏捷性、反应速度和适应能力。

在新零售时代，供应链可视化范围将不断向消费者、SKU、店员等更多环节延伸，同时，大数据、云计算系统也将不断深入应用到供应链的各个环节，最终构建一个可视化集成平台，为战略规划与业务的紧密对接、供求平衡的实现、订单履行策略的执行落地、库存管理与服务水平的优化提升等运营工作提供强有力的支持。

◆ **供应链人工智能化**

新零售业态的有效运行以大数据技术为驱动，以供应链智能化为支撑，其运作逻辑可简单概括为“获取数据—分析数据—数字建模—销售预测—决策支持”。

具体来看，新零售运营需要采集不同消费场景中产生的消费者、商品、销售、库存、订单等数据，然后结合商品品类管理、销售预测、动态定价、促销安排、自动补货、安全库存设定、仓库与门店以及门店与门店之间的产品调拨分配、供应计划排程、物流计划等不同业务场景和业务目标进行大数据分析，并利用合适的智能算法对应用场景进行数字建模，从而准确预测销售趋势，为零售决策提供有效支持。

人工智能虽然是一种预测技术，但并非为预测而预测，而是通过数据分析和智能算法降低不确定因素的影响，为人们的各项行为与决策提供指导。从新零售供应链运营的角度来看，供应链人工智能化有两大核心模型，即预测模型和决策模型。

预测模型通过回归分析、数据分类、时间序列等智能算法，基于大数据分析建立统计模型，实现对未来销售趋势的准确判断和预测；决策模型利用启发算法、整数规划、解析求解等智能算法建立运筹模型，为新零售运营中具体的业务场景决策提供指导。

◆ **供应链指挥智慧化**

运营指挥控制系统是新零售企业的“大脑”和“中枢”。因此，企业构建新零售模式，首先要打造一个有机整合不同应用场景和业务模块的运营指挥系统，实现供应链管理和指挥控制的智慧化、智能化。

在智慧化的供应链运营指挥系统中，不同应用模块各自管理一个领域的功能，既呈现出货龄、售罄率、缺货率、退货率、订单履约率、库存周转率、目标完成比率等实时的运营动态信息，又实现不同应用模块和业务职能的彼此连接协同，进而根据此前建立的数字模型，形成智能选品、智能定价、自动预测、自动促销、自动补货和下单等通用运营决策建议。

未来，随着新零售不断发展成熟，能够实现自动化决策的SKU将超过

90%。以此为基础，新零售供应链管理的主要工作内容将变为获取信息、判断需求、沟通客户、协调资源、寻找更多创新机会等。

零售企业如何对供应商进行管理

随着我国零售市场对外开放程度不断提升，我国零售企业面临的市场竞争越发激烈。在这种情况下，我国零售企业的工作重心要转向提升供应链效率及企业竞争力方面，其中优化供应商管理，提高供应商管理质量是关键。

◆ 零售企业与供应商关系演变过程

以改革开放为起点，迄今为止，我国零售企业与供应商之间的关系几经变革，每个阶段都有自己独有的特点，零售企业只有认识到这一点才能做好供应商管理。

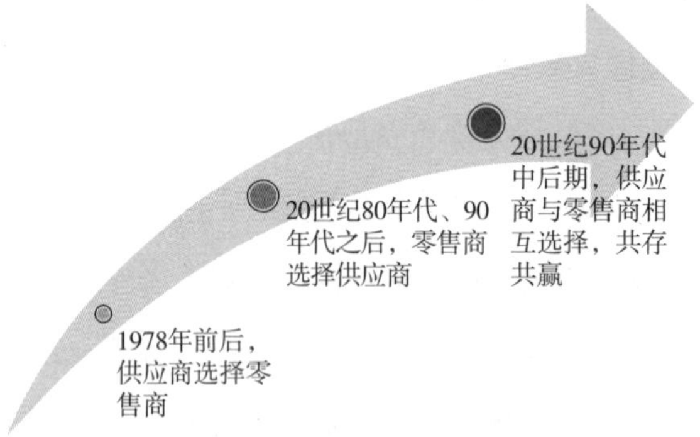

图7-3　供应商与零售商关系演变

（1）供应商选择零售商阶段

1978年前后，我国处于商品极度匮乏时期，市场属于卖方市场。在这个阶段，商品品类少、数量少，供应商也少，只能以产定销。在商品流通过程中，供应商占据主导地位，零售商因商品不足要通过各种渠道向供应商求助，只能被动地被供应商选择。

（2）零售企业选择供应商阶段

进入20世纪80年代、90年代之后，我国商品经济进入快速发展阶段，商品品类愈加丰富，数量暴增，商品出现供过于求现象，卖方市场逐渐转变为买方市场。在这个阶段，零售企业的数量不足，而货源却十分丰富，于是，零售企业逐渐掌握了主动权，开始主动选择供应商。供应商为了将商品销售出去必须依赖零售企业，只能交出主动权。受零售企业高额利润的吸引，大商场投资热潮出现。

（3）相互选择阶段

到了20世纪90年代中后期，受大商场投资热潮的影响，再加上国外零售企业的进入，国内零售企业的数量快速增长。在这个阶段，买方市场已经完全形成，大部分商品供过于求。此时，供应商与零售商势均力敌，打破了过去一方依赖另一方的关系，进入相互选择阶段。零售商与供应商从单纯的竞争关系转变为竞争与合作共存关系，双方相互作用共同致力于提升商品的竞争力，从而实现双赢。

◆ 零售企业供应商管理存在的问题

（1）零售企业向供应商转移竞争压力形成利益冲突

为了应对激烈的市场竞争，零售企业一味地争夺终端消费者，没有意识到渠道管理也可以提升竞争力，没能与供应商建立良好的合作关系，单纯地想从供应商处攫取利润，向供应商转移竞争压力。长此以往，供应商与零售商之间的关系恶化，矛盾越来越大，为了维护自身利益，供应商会中断与零售商的合作另外选择零售商，零售商会就此失去这一货源，面临较大损失。

（2）零售企业代销比重过大，买断等方式比重偏低

零售企业代销经营商品，商品由供应商提供，商品价格采用固定加价率的方式确定，如果商品没有按期销售出去，产生的库存全部由供应商承担。从本质上看，这种方式就是占用供应商的资金运作。在这种经营方式下，供应商要承担很大风险。因为商品的定价权掌握在供应商手中，而且大部分供应商都是根据自己的需要安排代销商品，没有考虑零售商的实际需求，所以二者之间非常容易发生冲突。

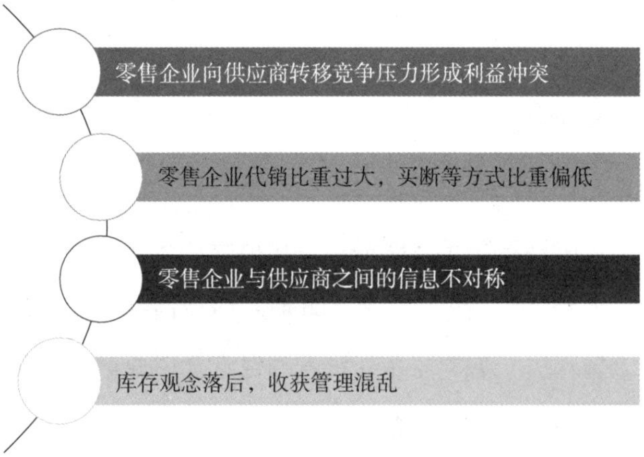

图7-4　零售企业供应商管理存在问题

（3）零售企业与供应商之间的信息不对称

零售企业可以接触消费者，与消费者沟通交流，收集消费者信息，获取消费者需求，但很多时候，零售企业不会将这些信息与供应商分享，反而会将其作为与供应商讨价还价的筹码。在这种情况下，供应商不仅不了解市场需求，还不知道零售企业的商品销售情况。同样，供应商也不会和零售商分享自己掌握的信息。二者信息不互通，导致双方的信息获取成本相继增加，最终导致商品成本增加，竞争力下降。

（4）库存观念落后，收货管理混乱

零售企业与供应商之间的利润冲突导致商品价格忽高忽低。为了掌握更多议价权，零售企业往往会一次性购入大量商品，虽然降低了商品进价，但也增加了库存。而供应商则在某一产品备受市场欢迎时大规模生产该产品，导致整个供应链滞留大量产品，增加了产品生产成本。为做好商品运送，一些零售企业自建配送中心，供应商为满足零售商的需求也自建了物流系统。因为二者缺乏沟通，没有做好协调，经常出现配送中心或卖场集中收货现象，导致整个供应链的运行效率有所下降。

◆ 零售企业供应商管理的主要策略

（1）选择优秀的供应商合作

对于零售企业来说，优秀的供应商是非常重要的资源，可对零售企业的成长产生积极的推动作用。所以，在采购商品之前，零售企业要对供应商进行详细调查，择优合作。调查内容要尽量详细，如产品质量、财务情况、生产能力、生产的局限性、信用情况、发展规划等。零售企业要通过各个渠道尽可能多地搜集供应商的信息，从而选择出最优秀的供应商。同时，零售企业掌握的信息越多，在与供应商谈判时就更有优势，更容易达成双方都能接受的合作条件，建立合作关系。

（2）结合供应商特点确定合作方式

随着市场竞争越发激烈，代销经营的适用范围越来越小，只适用于那些对企业没有太大贡献，而且采购规模大、经营风险大的供应商。对于那些购买频繁、利润较高、保质期较短的热销商品，零售企业最好采用买断等方式，以降低采购成本。相较于代销经营，零售企业买断销售所得利润要高出5%～10%，可有效提升零售企业的市场竞争力。除此之外，零售企业为打造自己的经营特色，获取差异化竞争优势，还可以推出自有品牌商品，而不是单纯地利用供应商的生产能力。

（3）定期评价供应商

市场在实时变化，供应商也是如此。为降低运营风险，零售企业要定期对供应商进行评估，最基本的评估方法是abc分析法，也就是根据供应商提供商品的销售情况、商品毛利、供应商的合作情况等因素将供应商分为a、b、c三类。其中，a类供应商的贡献最大、数量较少，需要重点管理；b类供应商的贡献一般、数量较多，需要正常管理；c类供应商繁荣贡献很小、数量较少，需要淘汰。通过对供应商进行定期评估，零售企业可实现对供应商的动态管理。

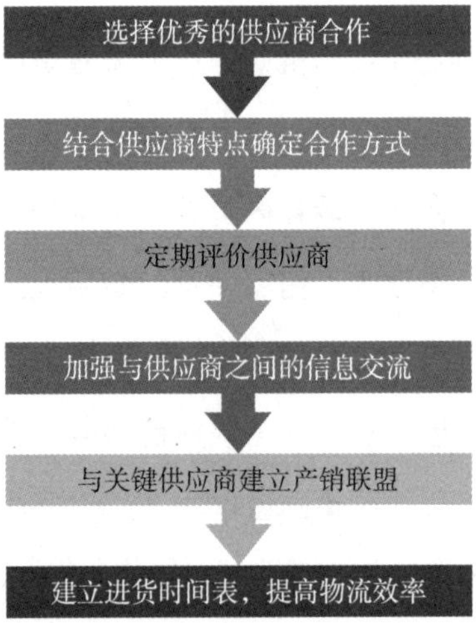

图7–5　零售企业供应商管理的主要策略

（4）加强与供应商之间的信息交流

以信息安全为前提，零售企业与供应商应就存货情况、生产计划、生产进度、促销情况、需求预测、运输情况等信息进行沟通交流。供应商可根据零售商提供的市场需求信息合理地安排产品生产，组织产品运输；零售企业可快速引入市场急需的商品，占尽先机，赢得顾客，获取更多利润。

（5）与关键供应商建立产销联盟

对于零售企业来说，关键供应商发挥着极其重要的作用，需要通过信息交流与之建立产销联盟，通过信息共享指导供应商制订产销计划，开发消费者需要的产品，减小机会损失，降低物流成本。而且，随着需要生产的产品越来越多，如果生产企业可以和流通企业建立合作关系，产品生产成本会大幅下降，从产品生产到产品消费的效率得以有效提升。

另外，通过产销联盟，关键供应商还能对未来的市场需求进行预测，发现新的营销机会，在最短的时间内对市场新需求做出反应。同时，零售企业也将从中受益，不仅可以为顾客提供更符合其需求的商品，增强顾客黏性，还能进一步提升零售企业的竞争力。

（6）建立进货时间表，提高物流效率

为解决同时到货问题，零售企业要制定进货时间表，让不同的供应商在不同的时间送货，防止配送中心或商场后门堵塞问题出现。同时，零售企业还要加强与供应商的合作，对配送系统进行合理利用，提升物流配送效率。

总而言之，零售企业要想做好供应链管理必须做好供应商管理，正确认识自己与供应商的关系，采用科学的管理方法对供应商进行有效管理，从而提升自己的核心竞争力。

7.2 智能供应链：AI驱动供应链管理变革

智能零售时代的供应链服务创新

作为全球电商领域的巨头，亚马逊在很早之前就开始部署智慧供应链。2017年8月前后，亚马逊宣布启用“无人驾驶”智能供应链系统。亚马逊凭借自己在云技术、机器学习、大数据分析、智慧系统等方面的优势，其“无人驾驶”智能供应链可实现自动预测、自动采购、自动补货、自动分仓，根据客户需求对库存进行调整，实现精准发货，让商品库存管理实现精准化、自动化。

在国内，阿里巴巴推出了智慧供应链平台，该平台在天猫超市、天猫电器城、天猫国际、零售通、村淘、阿里健康等多个场景的供应链服务中得以应用。具体来看，阿里巴巴供应链平台的核心能力主要包括以下三点。

图7–6 阿里巴巴平台三大核心能力

（1）智能预测备货：通过对历史成绩、节假日、活动促销、商品特性等数据进行分析预测备货，减少库存。

（2）智能选品：对当前的品类结构进行智能诊断，对资源配置进行优化，对商品角色进行自动划分，淘汰老旧商品，挖掘新商品，从而对商品进行全生命周期智能化管理。

（3）智能分仓调拨：将商品配送到距离消费者最近的仓库，尽可能减少区域间调拨与区域仓库间调拨，对调拨仓配方案进行优化，从而降低调拨成本。

无人仓实现了物联网与人工智能的结合。对于物联网来说，射频识别技术（PFID）是一项关键技术，可以通过无线电信号对特定目标进行识别，对相关数据进行读写，无须在识别系统与特定目标之间建立机械连接或光学连接。射频标签包含大量电子存储信息，可在数米的范围内被识别。射频标签识别与条形码识别不同，射频标签无须处在识别器的“视线”范围内，可以嵌入被追踪物体内部。借助RFID技术，商家可实时获知物品所处位置，为智能系统管理的实现奠定基础。

人工智能技术主要应用在工业机器人领域。以京东为例，京东无人仓是京东自行研发的系统化、定制化解决方案，使用了很多智能物流机器人进行协作。工业机器人可利用人工智能、图像智能识别、深度学习、大数据应用等技术进行自主判断，在不同场景应用，执行各种复杂的任务，实现商品自动分拣、自动运输、自动出库等。

近两年，无人驾驶领域出现了很多致力于无人驾驶技术研发的初创公司，促使无人驾驶技术日渐成熟化、商业化。图森未来科技自主研发的计算机视觉技术，辅之以毫米波雷达及3D高精地图的无人驾驶技术，可在高速路段实现全无人驾驶，司机只需做好公路港内的泊车、加油、货物装卸等工作。无人驾驶不仅降低了司机的工作强度，还在极大程度上降低了物流成本，加快了货物周转速度。地平线机器人开发了“雨果”系统，该系统可跨越感知、预测、定位、决策，在异构计算平台CPU+GPU或CPU+FPGA上运行。

相较传统仓储及在某个环节实现了自动化的仓储，无人仓最大的优点在于将机器人引入了生产过程，改变了传统的生产模式，用人工智能算法对生产过程进行指导。所以，无人仓要想真正得以构建，必须打破机器人技术、海量商品精准识别、人工智能算法等技术瓶颈。对于无人车来说，现阶段的研究重点应聚焦在深度学习的图像处理算法方面，在落地应用的过程中还要解决大规模数据收集的难题。

物联网在库存管理中的智能应用

目前，零售业的发展进入了关键阶段。在移动互联网的应用范围不断拓宽的同时，物理世界与数字世界之间的传统界限被打破，物联网在零售行业实现了广泛应用。要想适应市场变化，零售商必须通过改革跟上时代发展的步伐。

近年来，全渠道运营方式成为很多零售企业的选择，物联网技术的应用对零售行业的发展起到了积极的推动作用，有效提高了消费者的认可度。而在零售企业日常经营过程中，产品缺货、各个商店无法形成统一定价、商品销售品种有限等问题，是影响消费者购物体验的核心问题。

令人欣慰的是，零售企业面临的这些问题都能解决。为了带动自身的业务发展，零售商积极引进并运用智能设备和传感设备，引入物联网技术，推动供应链升级，这种做法符合新零售时代的总体发展趋势。

目前，很多零售商都无法对店内存货进行可视化查询与管理。随着零售企业的规模不断壮大，实体店数量持续增多，并开始海外市场延伸，企业应以网络平台为依托丰富自身的经营形式。在这个过程中，无法对库存进行可视化管理是企业急需解决的问题。与此同时，零售商要不断提高供应链管理水平，解决传统供应链中存在的信息闭塞问题。

在传统的供应链管理模式下，零售企业经常因货品供应不足、库存堆积、商品损耗等问题承担高额损失。麦肯锡咨询公司的数据统计结果显示，如果能够找到库存堆积、货品短缺问题的解决方案，就能使零售企业的库存成本减少10%。

利用射频识别、大数据、机器视觉等先进技术，零售企业的管理人员与客户可以了解库存信息，实现高效的库存管理，还能对产品进行实时追踪，向系统发送准确的数据，提高信息传达的精准度。根据相关数据统计显示，在传统模式下，利用零售商库存管理软件进行库存管理的精确度只有65%。

运用射频识别技术，零售企业能够将库存精确度在原有基础上提高30%。实践表明，射频识别技术的运用可以减少货品供应不足情况的出现。随着射频识别技术不断发展，越来越多的零售商意识到物品级射频识别系统的价值，开始积极引进相关技术，并将其应用到供应链管理中，以达到降低库存成本的目的。有服装零售商表示，利用射频识别技术代替人工进行商品计数，能够将工作量降低至原来的1/4。用自动化技术代替人工操作，还能提高员工的时间利用率，促使员工将更多时间与精力投入核心工作中。

如果能够在原有基础上继续提高供应链的自动化水平，零售商就能进一步提高库存可视化程度。智能化零售的开展有赖于数据分析的支撑。在整个过程中，零售商要先利用传感器获取来自视频监控设备、射频识别标签、移动设备等设备的海量数据信息，然后利用专业的数据软件对这些数据信息进行深度分析与处理，为自身运营提供精确的参考。在这个过程中，零售商要用数字化方式代替传统的人工数据收集，降低员工的工作量，为企业的发展提供方向性指导。

目前，数字化的数据分析尚处于早期发展阶段，但这种技术在零售行业却拥有广阔的发展空间。相较采用传统经营模式的企业，注重数据统计与分析的企业更具竞争优势，利润空间更大。为此，很多零售商加大了大数据研发及应用方面的投资力度，致力于利用物联网技术提高数据资源的利用率。

借助技术手段优化运营管理效率

物理数字化（Phygital）已经成为全渠道零售未来的主流发展方向，随着物理数字化不断发展，数字化商店将取代现今的实体店。目前，尽管电子商务的发展十分迅速，但超过九成的零售销售总额仍是实体店完成的。由此可见，实体零售是商家主导业务的重要组成部分。

出于进一步提升消费者购物体验的目的，零售商在开展实体店运营的过程中要充分发挥先进技术的驱动作用，向智能化方向转型。商家利用智能传感技术获取对店内商品、顾客、店员的位置及行动路线，并实施高效的数据分析与价值提取，在此基础上提高自身的竞争实力。零售空间在向“物理数字化”方向发展的过程中，能够兼具物理世界与数字世界的优势，在满足消费者体验需求的同时，为其提供更多的便利。

在智能化零售时代，零售商能够为消费者提供个性化的购物体验，为此，商家要对消费者的实时需求进行充分把握。在这方面，网络购物平台能够对消费者的购买历史进行统计，通过数据分析对消费者的需求进行定位，据此向其推荐相对应的产品或服务。

为了提升消费者的购物体验，部分商家还在实体店中运用微定位技术，满足消费者的个性化需求。例如，有些商家在产品显示屏、货架、标牌上使用信标（Beacon）技术，利用蓝牙技术实现与消费者手机的连接，让消费者可以轻松获得与自身需求相符的店内优惠信息。结合先进的定位技术，零售商能够捕捉店内客户的行为轨迹，通过数据分析，了解店内对顾客吸引力最大的区域或商品类型，并获知有多少顾客最终做出了消费决策。

通过使用技术手段，零售商能够掌握消费者的购物习惯和消费模式，据此提高决策的合理性，优化自身运营。例如，改变当前的商品陈列方式，把深受消费者青睐的商品摆放在易于发现的区域，提高对消费者的吸引力；增加热销产品的库存量，避免出现商品缺货现象。借助先进的技术手段，零售商能够根据消费者的个性化需求为其打造优质的体验服务。未来，零售商能够对顾客信息进行全面掌握，不断优化自身的经营管理。

智能化零售的新一轮革命浪潮席卷而来，在今后发展的过程中，在线商店与实体店经营之间的界限将越来越模糊。面临新的市场环境，零售商应该积极引进先进的技术设备，如数据分析工具、智能传感器、物联网设备等。

在提高运营可视化程度的过程中，小型零售商、中型零售商及大型零售商都能够从中获益。其中，小型零售商可以通过使用打印机、条码识别技术来实施改革，中型零售商在实施库存管理时，可以选择适合自己的移动智能终端产品，大型零售商在开展供应链运营过程中，可以发挥云计算技术的推动作用。

零售商通过提高运营的可视化程度，能够清楚在发展过程中遇到的阻力，开辟新的发展道路，加速生产，提高客户认可度，在节约成本的同时增加自身收益，从整体上推动整个零售行业的发展。

7.3 【案例】沃尔玛：物流配送中心的实践与启示

物流配送中心的构建原则与类型

在沃尔玛众多经营策略中，低成本战略、低价格竞销战略是核心。山姆·沃尔顿非常重视节约成本，帮助顾客省钱，并将这一点视为沃尔玛的服务宗旨。山姆认为，每当沃尔玛帮顾客省一块钱，就能赢得顾客的一份信任。为了更好地控制成本，沃尔玛不仅以规模化、大批量采购降低商品的进购成本，还建立了物流配送中心来控制物流成本。

◆ **物流配送中心的构建原则**

对于连锁经营企业来说，物流配送是关键部分。如果没有物流配送，就不能称之为连锁经营。甚至在某种程度上，一个连锁企业的物流配送水平对其经营水平有直接影响。要想提升企业物流配送水平，控制物流配送成本，增加企业商品销量，最好的方法就是保证商品配送效率。而保证商品配送效率最好的方法就是构建自己的配送中心，这里的配送中心不只包括仓库，还包括配送车队。

沃尔玛对物流配送中心构建的益处非常了解。首先，构建物流配送中心，能够实现大批量采购，降低进货成本；其次，构建物流配送中心之后，让供应商将商品统一送到物流配送中心，再由物流配送中心的工作人员对商品进行检验、配货，再交由自有车队进行配送。与供应商直接送货到各个门店相比，这种模式不仅能提升商品配送效率，降低商品配送成本，还能保证商品质量，控制库存。

◆ **物流配送中心的六大类型**

沃尔玛经营的商品种类烦琐，为了更好地进行商品配送，沃尔玛对物流配送中心做了细分，将其分为六类，分别是干货配送中心、食品配送中心、服装配送中心、专门为山姆会员店服务的山姆会员店配送中心、进口商品配送中心、退货配送中心。

（1）干货配送中心。该配送中心配送的商品主要是生鲜食品之外的日用商品，主要负责这类商品的进货、分装、储存、配送等工作，是目前配送量最大的一个配送中心。

（2）食品配送中心。该配送中心配送的商品主要是饮料、生鲜食品，针对生鲜食品设立了冷藏室，并配置了专门的送货车，保证能将其直接从仓库送到店铺。

（3）服装配送中心。服装配送与食品配送不同，不直接送到各个分店，而是先送到其他配送中心进行组装配套，再进行统一配送。

（4）山姆会员店配送中心。山姆会员店主要为会员服务，其业态有零售，有批发；会员有个人，有小零售商，其中小零售商占1/3。相较其他业态说，山姆会员店的商品配送方式及内容有很大不同，必须进行独立配送。之前，山姆会员店一直依赖第三方配送中心进行商品配送，但是因为配送成本较高，沃尔玛才为山姆会员店单独设立了配送中心。

（5）进口商品配送中心。该配送中心成立的主要目的是以大批量采购进口商品控制进货成本，根据各分店的销售情况将其配送到各个配送中心。

（6）退货配送中心。该配送中心主要接收、处理各零售店退回的商品。处理方法有三种，一是直接退返给供应商；二是直接送往折扣店；三是直接处理、销毁。该配送中心的收入来源有两个，一个是包装箱的销售收入；另一个是供应商支付的手续费。

沃尔玛的每个配送中心占地面积在10万平方米左右；员工人数600～800人；配置车辆200辆，每辆车拥有2节车厢；配置13条配送传输带，每条传输带都由激光控制，长度在13.7千米左右；配置170个接货口，占地面积60平方千米。每个物流配送中心为100多家零售店服务，位置在这100多家零售店的中央位置，运输半径320千米。

每个配送中心存储的商品种类达4万多种，覆盖了食品、生活用品、日化、家电等多种品类，其中有60%属于畅销品。配送中心的库存不一，旺季达7000万美元，淡季为4000万美元，库存周转频率为24次/年。如果某种商品的库存超过180天，就会被界定为滞销品，各零售店的库存是其销售总量的10%。

每个配送中心都会被划分为收货区、拣货区、发货区三个区域。

在收货区，工作人员对运输单和条形码进行扫描，确认无误之后将商品分门别类地送往发货区或者仓库。

在拣货区，计算机晚上作业，打印条形码标签。第二天工作期间，工作人员将条形码标签粘贴到箱子上，对其进行扫描识别，将识别信息输入计算机，计算机根据标签信息发出拣货指令。货架的每个货位上都设置了指示灯，指示灯亮，表明这个货位有商品需要分拣。工作人员完成拣货之后，计算机数据库会自动更新。

在发货区，工作人员将贴有条形码、装有货物的纸箱密封，将其送往自动分拣机，扫描器对纸箱上的条形码进行扫描，计算机控制叉车将其送往装车线，集中装车，将其送往各个门店。

为了方便货物流动和管理，占据面积巨大的配送中心只有一层。同时，为了实现高效流通，沃尔玛在配送中心设置了很多传送带，商品通过传送带可以运往各处，减少了商品处理次数，提升了商品处理效率，降低了商品处理成本。

而这些系统的核心是UNIX系统，UNIX系统+传送带+开放式平台+产品代码+自动补货系统+激光识别系统，共同构成了一个高效的物流配送系统，使物流配送效率得以大幅提升，使物流配送成本得到有效控制。

物流配送中心的设计与操作流程

沃尔玛物流配送中心的配送工作要历经八个环节，具体分析如下：

（1）散落在各地的分店将订单传送给物流配送中心；

（2）物流配送中心对接收到的订单进行整理，向供应商订货；

（3）供应商接到物流配送中心的订货之后安排发货，将商品送往物流配送中心；

（4）物流配送中心对送来的商品进行检验，对其进行分门别类地存放；

（5）电脑系统给商品打印标签；

（6）将整包装的商品直接放到传送带上；

（7）使用传感器进行标签识别，将其送往不同商店的装卸位置；

（8）交由自有车队将商品送往各个店铺。

可以说，整个沃尔玛物流配送中心的核心就是计算机。例如，供应商送到物流配送中心的商品都带有条形码。在第四个环节，在商品存放时，计算机会将商品存放位置及数量记录下来。在各分店发出商品需求信号后，计算机会自动搜索相应商品的位置，打印标签，由工作人员将标签粘贴到商品上。

在第六个环节，将整包装的商品直接从货架转移到传送带上之后，配送中心的工作人员会将剩余的零散商品取出，放到传送带上。这个传送带长几千米，商品在传送的过程中由激光对商品的条形码进行识别，将其传送到相应位置。借助这种方法，传送带每天可传送20万箱商品。至于传送带上的零散商品，工作人员可通过信号灯颜色对其进行识别，明确商品归属，取走商品，将其放到箱子内，以节省空间。

整个物流配送中心连接着两个平台，分别是装货平台和卸货平台。其中装货平台可同时为130辆卡车服务，卸货平台可同时为135辆卡车服务。在装货平台，卡车装好商品，将其送往相应的分店。沃尔玛各个分店接收货物的频率一般为1～3卡车/周。其中，60%的卡车在返程时会从供应商处接收商品，将其运回物流配送中心，停放到卸货平台。

在卸货平台，载有商品的卡车将商品卸载，分门别类地存放到货架上。收到各门店的提货计划后，再将商品通过传送带传送到装货平台，由卡车运送到各个门店中。整个装货、卸货的过程24小时运作，很多商品会在48小时以内从配送中心送往各个门店。据统计，沃尔玛配送中心每年处理商品次数超过亿次，其中订单处理的准确率高达99%，使物流成本得到了有效控制。

沃尔玛配送中心的商品都会粘贴RFID电子标签。沃尔玛配送中心向供应商提交商品订单，供应商根据商品订单配送商品，将商品运送到配送中心的卸货平台，RFID阅读器对商品进行盘点，将其数据录入数据库。之后，配送中心再按照各个门店提交的订单进行配货，交由卡车将货物配送到各个门店。在商品配送的过程中，GPS系统或设在各处的RFID监测点能够对商品进行实时监测，保证商品能够按时送到各个门店，保证商品的完备性。

各门店的接货口配置了RFID阅读器，商品运送到各个门店之后，卡车驶过阅读器就能完成商品的清点，清点信息录入门店的数据库，商品库存信息更新，工作人员将商品直接送往货架或者仓库即可。

借助RFID电子标签及阅读器，只要商品在RFID阅读器可识别的范围内，RFID系统就能对商品动态进行实时监控，不仅能够防止商品丢失，还能帮助工作人员将顾客随意放置的商品归位。顾客选好需要购买的商品之后，只要推着购物车或者拿着购物篮经过配置了RFID阅读器的收银通道，就能自动完成商品计价，使商品结算效率得以大幅提升。

另外，配置RFID系统的货架还能自动发出补货提醒，提高了商品管理效率，减轻了店员的工作量。由此，商品的物流配送及管理变得清晰可见，对于提升物流配送效率，降低管理成本具有重要意义。

沃尔玛物流配送中心的信息系统

沃尔玛物流配送中心的正常运行离不开其完善的信息系统，离开这些信息系统，沃尔玛的物流配送中心将彻底瘫痪。

目前，各大企业为了提高自己的管理效率，获取更多有用信息，非常重视信息系统建设，在这方面投入了很多人力和物力。零售领域各连锁企业，为了更加有效地对各分店进行管理，更是在信息系统建设方面投入良多。以沃尔玛为例，沃尔玛开发了一款集中式信息系统。在该信息系统的作用下，沃尔玛的销售业绩逐步提升，公司规模逐渐扩大，并且一直保持着低费用结构优势，为其成功推行全球化战略提供了良好的条件。

沃尔玛的信息系统在全球范围内一直保持领先之势。1969年，沃尔玛先于其他公司引入了计算机跟踪存货系统；1974年，沃尔玛借助信息系统实现了S.K.U.单品级库存控制；1980年，沃尔玛公司引入了条形码；1984年，沃尔玛引入了CM品类管理软件；1985年，沃尔玛引入了EDI；1988年，沃尔玛引入了无线扫描枪等。

经过几十年的努力，目前，沃尔玛的信息系统主要包含以下几个方面的内容。

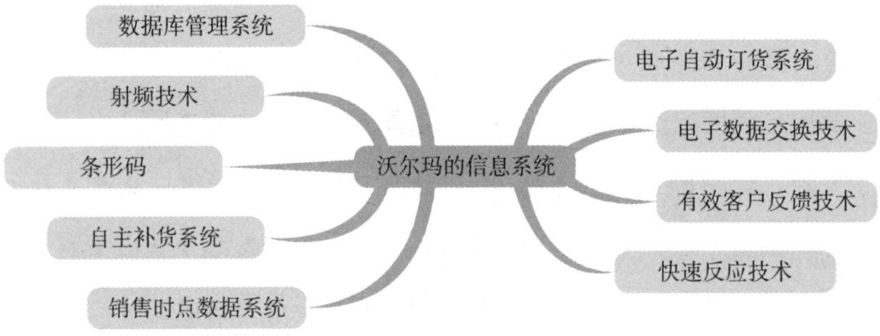

图7-7　沃尔玛信息系统构成

（1）数据库管理系统（Data base Management System），该系统的主要功能是做好数据库建设、使用和维护工作，对数据库进行统一管控，更新数据库数据，保证数据库安全。借助该系统，管理员可以对数据库进行管理，用户也可以直接对数据库进行访问。

（2）射频技术（Radio Frequency），利用该技术，管理人员能对配送的货物进行跟踪，对运载工具及货架进行识别。

（3）条形码（Bar Code），利用条形码识别货物，对其进行描述。

（4）自主补货系统（Automatic Replenishment），借助该系统，供应商能实时了解其供应商品的销售情况及库存情况，及时安排发货，以缩短货物配送时间。

（5）销售时点数据系统（Point of Sale），在销售过程中，该系统可以利用自动读取设备读取商品售价、销售数量、售出时间、售出店铺等商品信息，并能借助计算机和网络将这些信息传送到公司总部、采购部门、生产部门、供应部门等相关部门，以促使物流配送效率得以有效提升。

（6）电子自动订货系统（Electronic Ordering System），借助该系统，企业可以借助终端设备、通信网络，在线订货，在线交换订货信息。

（7）电子数据交换技术（Electronic Data Interchange），利用该技术，在电子通信系统的支持下，可以实现数据的在线传递，产生托运单、发票、订单。同时，借助信息系统，沃尔玛还能获取最新的商品库存情况、商品配送情况及商品订单信息。

（8）有效客户反馈技术（Efficient Customer Response），借助该技术，信息与货物能实现更快捷、高效的循环，客户选择商品的机会增多，消费者的满意度与忠诚度大幅提升。

（9）快速反应技术（Quick Response），利用该技术，商品从仓库到各个门店的周转时间有效缩短，供应链运作效率得以有效提升。

除这些先进技术外，沃尔玛高效物流配送中心的运行还离不开自建的卫星系统。沃尔玛的卫星系统建于20世纪80年代，散布在各地的连锁门店都能实现互联，支票确认、自动订货、传递销售信息、传递会计信息等工作都能在线进行。并且，借助该系统，沃尔玛总部还能对各分店的运行情况、配送中心的货物配送情况、购销调存情况进行监控，借助UPC代码实现商品的高效管理，向散落在世界各地的沃尔玛分部发送紧急通知，与供应商建立联系，构建高效的供应链管理体系。

沃尔玛高效的物流配送中心就是在这个基础上建立起来的。在该物流配送中心的作用下，沃尔玛的物流运作效率才能全面提升，商品成本才能有效降低，才能有效地推行低成本战略，让利消费者，从而提升消费者对沃尔玛的忠诚度，为沃尔玛的持续发展打下良好的客户基础。

自营车队，提升物流配送的效率

为了更好地控制物流配送成本，提升物流配送效率，优化物流配送管理，为各个门店提供更好的物流配送服务，沃尔玛建立了自己的物流配送车队，并将车队规模不断扩大，其规模在全美也是遥遥领先的。

沃尔玛的自营车队有大型集装箱挂车，也有大型货运卡车。在美国，大型集装箱挂车有3万多辆，大型货运卡车有6000多辆，实行24小时工作制。每辆车都配置了GPS系统，调度中心能够实时掌握这些车辆的动态。一般情况下，沃尔玛平均每天都要给分店送一次货物。这个送货频率在全美都非常高。如此之高的送货频率为沃尔玛打造了一个优势，即在竞争对手商品缺失得不到及时补充的情况下，沃尔玛的商品永远充足。

另外，高效的物流配送还降低了沃尔玛的物流配送成本，为其增加了一个新的竞争优势。通常情况下，零售行业物流成本在销售额中的占比应该在10%左右，部分食品行业的物流成本在销售额中的占比为20%～30%。但沃尔玛物流成本在其销售额中的占比仅为2%，远远低于凯玛特（8.75%）和西尔斯（5%）。

此外，为了节省物流配送成本，沃尔玛还对车辆进行精心挑选，选择了拥有加长货柜的大卡车，卡车全长16米。车内装满货物，一次可对多家门店进行配送，节省了往返成本。并且，这些车辆都是沃尔玛自有的，司机及其他员工全部归属于沃尔玛。整个车队拥有司机3700多名，其他员工5000多名。运输频率为1次/周，一次行驶里程为7000～8000千米。这些司机的驾驶水平非常高，做到了300万千米零事故，使沃尔玛的车辆管理费用、人工成本及其他费用都得到了有效控制。

为了加强车辆管理，沃尔玛配置了全球定位系统，能够对车辆进行实时定位，获知车辆的具体信息，例如，与门店之间的距离、到达门店的时间、商品的具体信息等。借助全球定位系统，总部提升了车辆管理效率，使整个物流配送系统的管理效率都得以有效提升。

总而言之，顾客能在沃尔玛买到相对便宜的商品，物流配送中心发挥了很大的作用。沃尔玛的物流配送中心通过提升物流配送效率、降低物流配送成本实现了对总成本的有效控制，沃尔玛公司将节省出来的成本让利于消费者，赢得了消费者的信任和喜爱。

同时，借助物流配送中心，沃尔玛提升了竞争力，这种竞争力表现在两个方面，一是效率，二是规模成本。在这两大竞争力的共同作用下，沃尔玛“天天低价”策略得以有效发挥，为全球化战略的推行奠定了扎实的基础。